청춘영어
일상회화

다락원

청춘 영어:
일상회화

지은이	박신규
펴낸이	정규도
펴낸곳	(주)다락원

초판 1쇄 발행 2018년 6월 1일
초판 7쇄 발행 2024년 12월 27일

책임편집	유나래, 장의연
디자인	유혜영
전산편집	이현해
일러스트	김영진 ozin2@naver.com
이미지 출처	shutterstock

다락원 경기도 파주시 문발로 211
내용문의: (02)736-2031 내선 523
구입문의: (02)736-2031 내선 250~252
Fax: (02)732-2037
출판등록 1977년 9월 16일 제406-2008-000007호

Copyright © 2018, 박신규

저자 및 출판사의 허락 없이 이 책의 일부 또는 전부를 무단 복제·전재·발췌할 수 없습니다. 구입 후 철회는 회사 내규에 부합하는 경우에 가능하므로 구입 문의처에 문의하시기 바랍니다. 분실·파손 등에 따른 소비자 피해에 대해서는 공정거래위원회에서 고시한 소비자 분쟁 해결 기준에 따라 보상 가능합니다. 잘못된 책은 바꿔 드립니다.

ISBN 978-89-277-0102-6 18740

http://www.darakwon.co.kr

• 다락원 홈페이지를 방문하시면 상세한 출판정보와 함께 동영상 강좌, MP3자료 등 다양한 어학 정보를 얻으실 수 있습니다.

청춘영어 일상회화

박신규 지음

다락원

들어가는 글

어떻게 하면 영어회화를 잘할 수 있을까요?

영어회화를 처음 배우는 분들이 늘 물어보는 질문입니다. 현장에서 강의를 하고 있는 제 경험으로 미뤄볼 때, 먼저 자신의 실력을 파악한 뒤 맞는 교재를 선택해 단계적으로 학습하는 것이 중요합니다. 이때 단어 따로, 문장 따로, 문법 따로 공부하지 말고 종합적으로 학습해야 하고, 쉬운 문장부터 시작해 점차 어려운 문장으로 옮겨가는 것이 효과적이죠.

영어 문장을 보면 참 쉬운 표현으로 구성되어 있는데도 막상 한국어를 영어로 말하려고 하면 쉽지가 않습니다. 처음에는 문장 하나를 모방하는 것부터 시작하세요. 단어와 표현을 익히고 문법에 맞게 문장을 만들어 보려고 노력하세요. 좋은 표현을 머릿속에 차곡차곡 쌓아놓다 보면 영어회화 실력은 저절로 향상됩니다.

기초 패턴으로 문장을 만들어 연습하세요!

영어회화를 배울 때는 **원어민들이 평소에 자주 사용하는 패턴을 집중적으로 학습**해 보는 것도 좋습니다. 패턴이란 일종의 말하기 공식으로, 문장을 만드는 데 사용되는 틀이라고 할 수 있습니다. **이 틀에 내가 표현하고 싶은 단어를 넣어 말하면 그게 바로 문장**이 되는 거죠. 처음에는 하나로 된 단어를 넣어 말해 보고 점차적으로 좀 더 긴 단어들을 넣어 말해 보세요. 영어회화가 훨씬 쉽게 느껴집니다. 그리고 **가능한 많이 말해 보는 것도 중요합니다.** 아무리 좋은 패턴과 단어를 익혔다고 해도 반복적으로 학습하지 않으면 쉽게 머릿속에서 잊혀지기 때문이죠.

이 책 '청춘 영어: 일상회화'에는 일상생활에서 많이 사용하는 것만 골라 뽑은 총 50개의 패턴이 있습니다. 원어민들이 자주 쓰는 알짜배기 패턴만 모았으니 꾸준히 말하기 연습을 해 보세요. 목차에서 관심 있는 주제를 살펴보고 자신에게 딱 맞는 패턴부터 골라 말하기 연습을 해도 좋습니다.

영어회화는 혼잣말이 아니다!

영어회화를 배우는 분들에게 제가 늘 지겹도록 강조하는 말입니다. 영어회화란 결국 다른 사람과 함께 나누는 대화입니다. 그만큼 실전 연습을 통해 배우는 말이 오랫동안 기억에 남습니다. 내가 하는 말이 상대방에게 제대로 전달되었는지 확인할 수 있는 좋은 기회가 되거든요. 영어회화는 상대방과 대화를 나누면서 그 속에서 패턴과 표현을 배우고 올바른 어휘와 문법을 배워야 비로소 자신의 것이 되는 것입니다. 처음에는 짧은 대화라도 확실하게 익혀 내 것으로 만드세요. 그러면서 좀 더 긴 대화를 통해 배웠던 문장들을 다시 새겨보는 것이 정말 중요합니다. 이 책은 간단한 대화부터 시작해 좀 더 긴 대화까지 체계적이고 반복적으로 학습할 수 있게 구성되어 있습니다. 실제 대화에서 패턴 문장이 어떻게 쓰이는지 확인하고 말할 때 쓰는 다양한 표현을 익혀 보세요.

아무쪼록 '청춘 영어: 일상회화'가 영어회화 학습에 열정을 가지고 있는 분들에게 조금이나마 도움이 되었으면 좋겠습니다!

박신규

이 책의 특징

시니어 맞춤형 교재입니다
커다란 글자 덕분에 눈이 안 좋은 분들도 쉽게 읽을 수 있으며, 알록달록한 삽화와 화려한 사진을 통해 눈도 즐겁게 학습할 수 있습니다. 또한 각 단어마다 한국어 발음을 표기하여 영어 발음에 익숙하지 않은 분들도 쉽게 영어를 말할 수 있습니다.

50개 기초 패턴으로 쉽게 문장을 익힐 수 있습니다
원어민이 일상생활에서 가장 많이 쓰는 중요 표현을 뽑아 정리한 말하기 기초 패턴 50개를 제시합니다. 패턴이라는 틀에 단어만 바꿔 끼워 말하면 되므로, 영어를 잘 모르는 분들도 쉽게 문장을 익힐 수 있습니다.

일상생활에서 많이 쓰는 단어를 배웁니다
직업, 가족, 교통수단, 날씨 등 기초 단계에서 꼭 필요한 단어를 주제별로 배울 수 있습니다. 오토바이, 백미러, 드라이버처럼 일상생활에서 흔히 쓰는 콩글리시를 실제 영어로는 어떻게 쓰는지도 배울 수 있습니다.

친절한 음성강의과 쓰기노트를 제공합니다
혼자 공부하기 힘든 분들을 위해 귀에 쏙쏙 들어오는 저자 선생님의 음성강의 27강을 무료로 제공합니다. 스마트폰으로 각 페이지의 QR코드를 찍으면 바로 강의를 들어 볼 수 있어 편리합니다. 추가 학습을 원하시는 분들을 위해 기본대화를 매일매일 쓰며 연습할 수 있는 쓰기노트도 다락원 홈페이지에서 무료로 다운받으실 수 있습니다.

이 책의 구성

첫째 마당 먼저 알아두기
본격적으로 공부하기에 앞서 미리 알아두면 좋은 사항을 담았습니다. **꼭 알아둘 문법 용어**에서는 앞으로 책에서 다룰 문법 용어를 간단히 정리했으며, **미리 알아둘 회화 표현**에서는 본격적으로 공부하기 전에 알아두면 좋은 기본적인 영어 표현을 정리했습니다.

둘째 마당 수업하기
일상생활에서 많이 말하는 주제를 25개 유닛으로 정리하여, 한 유닛당 두 개씩 총 50개의 말하기 **필수패턴**을 공부합니다. **패턴 연습하기**에서는 다양한 단어를 넣어 말하기 훈련을 해 보고, **대화하기**에서는 앞에서 배운 패턴이 실제 대화에서 어떻게 적용되는지 확인할 수 있습니다. 각 유닛이 끝나면 **확인하기**에서 문제를 풀며 배웠던 내용을 총정리합니다. 주제별 단어를 정리할 수 있는 **생활 속 영어를 찾아라!**와 일상생활에서 우리가 잘못 쓰고 있는 영어단어를 알려주는 **생활 속 콩글리시를 찾아라!** 코너도 있습니다.

셋째 마당 더 알아두기
추가적인 학습을 위한 보너스 코너입니다. **패턴문장 트레이닝**에서는 앞에서 배운 패턴과 문장을 정리해 복습합니다. 한국어 해석과 영어 문장을 함께 녹음한 파일도 제공해 듣기만 해도 저절로 공부가 됩니다. **중요발음 트레이닝**에서는 한국인이 발음하기 어려운 영어 발음을 집중적으로 연습해 보고, **기초문법 정리표**에서는 말하기에서 중요한 문법사항을 정리한 표를 보며 학습을 마무리합니다.

목차

첫째 마당 : 먼저 알아두기

꼭 알아둘 문법 용어 • 16
미리 알아둘 회화 표현 • 18

둘째 마당 : 수업하기

1 첫 만남 • 24
패턴 01 성함을 여쭤봐도 될까요?
패턴 02 난 수호예요.

2 직업 • 32
패턴 03 직업이 뭐예요?
패턴 04 난 기술자예요.

3 고향 • 40
패턴 05 만나서 반가워요.
패턴 06 난 시카고 출신이에요.

4 여가 시간 • 48
패턴 07 난 주로 텔레비전을 봐요.
패턴 08 난 스포츠 보는 걸 즐겨요.

5 음악 • 56
패턴 09 음악 듣는 걸 좋아해요?
패턴 10 난 클래식 음악을 좋아해요.

6 스포츠 • 64	패턴 11	어떤 스포츠를 좋아해요?
	패턴 12	매우 흥미진진해요.
7 영화 • 72	패턴 13	얼마나 자주 영화 봐요?
	패턴 14	가장 좋아하는 영화배우는 누구예요?
8 특기 • 80	패턴 15	운전을 잘해요?
	패턴 16	난 운전을 잘해요.
9 사람 소개하기 • 88	패턴 17	이쪽은 제 여동생이에요.
	패턴 18	당신이 그녀와 인사 나눴으면 해요.
10 정중한 부탁 • 96	패턴 19	물 좀 주시겠어요?
	패턴 20	잠깐만 기다려 주세요.
11 전화 통화 • 104	패턴 21	제인과 통화할 수 있을까요?
	패턴 22	도움을 요청하려고 전화했어요.
12 제안 • 112	패턴 23	테니스를 칩시다.
	패턴 24	수영하러 가는 게 어때요?
13 초대와 방문 • 120	패턴 25	와 줘서 고마워요.
	패턴 26	커피를 주세요.

14 식사 • 128
- 패턴 27 당신의 스테이크는 어때요?
- 패턴 28 아주 맛있어요.

15 작별 인사 • 136
- 패턴 29 출근할 시간이에요.
- 패턴 30 서둘러야 할 것 같아요.

16 가족 • 144
- 패턴 31 난 여동생이 있어요.
- 패턴 32 그녀의 사진을 볼 수 있을까요?

17 해야 할 일 • 152
- 패턴 33 운동해야 해요.
- 패턴 34 살 빼야 해요.

18 건강과 질병 • 160
- 패턴 35 창백해 보여요.
- 패턴 36 병원에 가는 게 어때요?

19 애완동물 • 168
- 패턴 37 애완동물이 있어요?
- 패턴 38 난 애완동물이 전혀 없어요.

20 주말 계획 • 176
- 패턴 39 주말 계획은 뭐예요?
- 패턴 40 여행할 거예요.

21 물건 찾기 • 184
- 패턴 41 내 전화기가 어디 있죠?
- 패턴 42 테이블 위에 있네요.

22 길 찾기 • 192
- 패턴 43 어디서 자동현금인출기를 찾을 수 있나요?
- 패턴 44 절 좀 거기에 데려다 줄래요?

23 날씨 • 200
- 패턴 45 오늘은 흐려요.
- 패턴 46 점점 더 추워지고 있어요.

24 시간 • 208
- 패턴 47 지금 몇 시예요?
- 패턴 48 2시 10분이에요.

25 날짜 • 216
- 패턴 49 토니의 생일은 언제예요?
- 패턴 50 5월 2일이에요.

셋째 마당 : 더 알아두기

말하기가 쉬워지는 패턴문장 트레이닝 • 240
원어민처럼 말하는 중요발음 트레이닝 • 266
한눈에 보는 기초문법 정리표 • 272

말하기가 쉬워지는 기초패턴 미리보기

패턴 01 **May I ask your** name? 성함을 여쭤봐도 될까요?
패턴 02 **I'm** Suho. 난 수호예요.
패턴 03 **What's your** occupation? 직업이 뭐예요?
패턴 04 **I'm an** engineer. 난 기술자예요.
패턴 05 **I'm glad to** meet you. 만나서 반가워요.
패턴 06 **I'm from** Chicago. 난 시카고 출신이에요.
패턴 07 **I usually** watch TV. 난 주로 텔레비전을 봐요.
패턴 08 **I enjoy** watch**ing** sports. 난 스포츠 보는 걸 즐겨요.
패턴 09 **Do you like** listen**ing** to music? 음악 듣는 걸 좋아해요?
패턴 10 **I like** classical music. 난 클래식 음악을 좋아해요.
패턴 11 **What** sport **do you like**? 어떤 스포츠를 좋아해요?
패턴 12 **It's so** exciting. 매우 흥미진진해요.
패턴 13 **How often do you** watch movies? 얼마나 자주 영화 봐요?
패턴 14 **Who's your favorite** movie star? 가장 좋아하는 영화배우는 누구예요?
패턴 15 **Are you a good** driver? 운전을 잘해요?
패턴 16 **I'm good at** driv**ing**. 난 운전을 잘해요.
패턴 17 **This is** my sister. 이쪽은 제 여동생이에요.
패턴 18 **I want you to** meet her. 당신이 그녀와 인사 나눴으면 해요.
패턴 19 **Can I have** some water? 물 좀 주시겠어요?
패턴 20 **Please** wait a moment. 잠깐만 기다려 주세요.
패턴 21 **Can I speak to** Jane, **please**? 제인과 통화할 수 있을까요?
패턴 22 **I'm calling to** ask for your help. 도움을 요청하려고 전화했어요.
패턴 23 **Let's** play tennis. 테니스를 칩시다.
패턴 24 **How about** go**ing** swimming? 수영하러 가는 게 어때요?
패턴 25 **Thank you for** com**ing**. 와 줘서 고마워요.

패턴 26 **I'd like** some coffee, **please**. 커피를 주세요.

패턴 27 **How is your** steak? 당신의 스테이크는 어때요?

패턴 28 **It tastes** so good. 아주 맛있어요.

패턴 29 **It's time to** go to work. 출근할 시간이에요.

패턴 30 **I think you should** hurry. 서둘러야 할 것 같아요.

패턴 31 **I have** a younger sister. 난 여동생이 있어요.

패턴 32 **Can I** see her picture? 그녀의 사진을 볼 수 있을까요?

패턴 33 **I need to** exercise. 운동해야 해요.

패턴 34 **I have to** lose weight. 살 빼야 해요.

패턴 35 **You look** pale. 창백해 보여요.

패턴 36 **Why don't you** see a doctor? 병원에 가는 게 어때요?

패턴 37 **Do you have any** pets? 애완동물이 있어요?

패턴 38 **I don't have any** pets. 난 애완동물이 전혀 없어요.

패턴 39 **What are your plans for** the weekend? 주말 계획은 뭐예요?

패턴 40 **I'm going to** travel. 여행할 거예요.

패턴 41 **Where is my** phone? 내 전화기가 어디 있죠?

패턴 42 **It is** on the table. 테이블 위에 있네요.

패턴 43 **Where can I find** an ATM? 어디서 자동현금인출기를 찾을 수 있나요?

패턴 44 **Can you please** take me there? 절 좀 거기에 데려다 줄래요?

패턴 45 **It's** cloudy **today**. 오늘은 흐려요.

패턴 46 **It's getting** colder. 점점 더 추워지고 있어요.

패턴 47 **What** time **is it**? 몇 시예요?

패턴 48 **It's** two ten. 2시 10분이에요.

패턴 49 **When is** Tony's birthday? 토니의 생일은 언제예요?

패턴 50 **It's** May 2(second). 5월 2일이에요.

13

첫째마당

먼저 알아두기

꼭 알아둘 문법 용어

품 사	대명사	명사	동사	
문장의 종류	**나는**	**책을**	**읽습니다.**	평서문
문장 성분	주어	목적어	서술어	

1 품사

품사는 어떤 단어의 성질을 나타내는 말입니다. 단어의 성질은 위치가 달라져도 변하지 않지요. 영어에는 크게 8개의 품사가 있습니다.

명사 사람, 동물, 식물, 물체, 장소의 이름 및 추상적인 개념의 이름
  Jane 제인   **cat** 고양이   **hope** 희망

대명사 명사를 대신해서 쓰는 말
  I 나는   **it** 그것

동사 사람이나 사물의 움직임이나 상태를 나타내는 말
  walk 걷다   **like** 좋아하다

형용사 사람이나 사물의 성질을 나타내는 말
  happy 행복한   **big** 큰

부사 동사나 형용사를 꾸며주는 말
  so 아주, 매우   **usually** 보통

전치사 앞(전)에 놓이는(치) 말이란 뜻으로 우리말의 조사에 해당하는 말
  on ~위에   **in** ~안에

접속사 앞에 나오는 말과 뒤에 나오는 말을 이어주는 역할을 하는 말
  and 그리고   **or** 또는

감탄사 감탄할 때 쓰는 말
  Ah 아!   **Oh** 오!

2 문장 성분

같은 품사라도 문장 안에서는 다른 문장 성분으로 쓰일 수 있습니다. 예를 들어 명사는 문장에서 주어, 목적어, 보어로 모두 쓰일 수 있어요. 문장은 기본적으로 '주어+서술어(동사)'로 이루어져 있는데, 여기에 목적어, 보어, 구 등의 꾸며 주는 말이 들어가기도 하죠.

- **주어** 문장의 주인이 되는 말. 어떤 행동을 하거나 어떤 상태에 처해 있는 주체
  I read books. 나는 책을 읽습니다.

- **서술어(동사)** 주어의 상태나 동작을 나타내는 말 (동사)
  I read books. 나는 책을 읽습니다.

- **목적어** 우리말에서 '~을/~를'의 조사가 붙는 말
  I read books. 나는 책을 읽습니다.

- **보어** 주어, 동사, 목적어가 아니면서 빠지면 완전한 문장이 안 되는 핵심 문장 성분 (명사나 형용사)
  I'm a teacher. 난 선생님입니다.

- **구** 여러 단어가 모여 하나의 품사 역할을 하는 것 (전치사구, 명사구, 부사구 등)
  It's on the table. 그건 테이블 위에 있습니다.

3 문장의 종류

문장은 기능에 따라 몇 가지로 나눌 수 있습니다.

- **평서문** 마침표(.)로 끝나는 문장
  I'm a teacher. 나는 선생님입니다.

- **부정문** '아니다'라는 뜻을 갖는 문장
  I'm not a teacher. 나는 선생님이 아닙니다.

- **의문문** 내용을 확인하거나 정보를 얻기 위해 물어보는 문장으로, 물음표(?)로 끝나는 문장
  Are you a teacher? 당신은 선생님입니까?

미리 알아둘 회화 표현 🎧 00-1

1 긍정의 대답

Yes. [예쓰] 네.

Of course. [어브 코쓰] 물론이죠.

Okay. [오우케이] 그래요. / 네. / 알았어요.
- Okay.는 '그래요'란 뜻으로 동의나 허락을 나타낼 때도 쓰고, '네'란 뜻으로 제안에 대해 긍정적인 답변을 줄 때도 씁니다.

That's right. [댓쓰 라잇] 맞아요.

Good. [굿] 좋아요.

2 부정의 대답

No. [노우] 아니요.

No, thank you. [노우 땡큐] 감사하지만 괜찮아요.
- 상대방의 제안을 정중하게 거절할 때 쓸 수 있는 말입니다.

Not really. [낫 리얼리] 별로 그렇지 않은데요. / 그다지요.

3 말을 꺼낼 때

Excuse me. [익쓰큐즈 미] 실례합니다.

Well, [웰] 글쎄요. / 음,
- 말문이 막혔거나 말하기 전에 잠시 생각할 시간을 벌려고 할 때 Well...로 말을 꺼낼 수 있습니다.

4 상대방의 말에 반응할 때

Really? [리얼리] 정말이요?

Oh, yeah? [오우 예] 오, 그래요?

Oh, I see. [오우 아이 씨] 오, 그렇군요. / 오, 알겠어요.
- 동사 see는 기본적으로 '보다'란 뜻이지만, 눈으로 보면서 머리로 '이해하다, 알다'라는 뜻까지 의미가 확대됩니다.

Is that true? [이즈 댓 트루] 그게 사실이에요?

5 상대방의 의견이나 상태를 물을 때

What about you? [왓 어바웃 유] 당신은요?

How about you? [하우 어바웃 유] 당신은요?

6 감사를 표할 때

Thank you. [땡큐] 고맙습니다.

Thanks. [땡쓰] 고마워요.
- Thank you.보다 Thanks.가 좀 더 격의 없는 사이에서 많이 쓰는 표현입니다.

Thank you very much. [땡큐 베리 머취] 정말 고마워요.

Thank you for saying that. [땡큐 포 쎄잉 댓] 그렇게 말해 줘서 고마워요.

미리 알아둘 회화 표현

7 감사 인사에 답할 때

You're welcome. [유어 웰컴] 천만에요.

Not at all. [낫 앳 얼] 별 말씀을요.

Don't mention it. [도운트 멘션 잇] 별 말씀을요.
- mention은 '언급하다'란 뜻이므로 직역하면 '언급하지 마세요'란 뜻입니다. 즉, 굳이 감사인사를 할 것 없다는 의미지요.

My pleasure. [마이 플레줘] 별 말씀을요.

Sure. [셔] 천만에요.
- Sure.는 대답할 때 '그럼요'란 뜻으로도 많이 쓰이는데, 감사 인사에 답할 때는 '천만에요'라는 뜻이 됩니다.

8 사과할 때

I'm sorry. [아임 쎄리] 미안해요.

I'm so sorry. [아임 쏘우 쎄리] 정말 미안해요.

I'm terribly sorry. [아임 테러블리 쎄리] 정말 미안해요.

9 사과에 답할 때

It's okay. [잇쓰 오우케이] 괜찮아요.

It's alright. [잇쓰 얼라잇] 괜찮습니다.

No worries. [노우 워리즈] 괜찮습니다.
- 직역하면 '걱정할 거 없습니다'란 뜻인데, 사과에 답할 때 '괜찮아요'라는 의미로 흔히 쓰는 표현입니다.

10 감탄사

Oh! [오우] 오! / 어머나!
- 가벼운 놀라움을 나타내는 감탄사로 일상생활에서 아주 많이 씁니다. 분노나 기쁨을 나타내기도 합니다.

Ah! [아] 아!
- 놀라움, 기쁨, 안도를 나타낼 때 씁니다.

Wow! [와우] 와!
- 큰 놀라움과 감탄을 나타낼 때 씁니다.

Hey! [헤이] 이봐!

Oh, my goodness! [오우 마이 굿니쓰] 오, 세상에!
- 깜짝 놀랐을 때 쓰는 표현으로, Oh, my God![오우 마이 갓]도 비슷한 뜻을 갖고 있습니다.

둘째 마당
수업하기

01 첫 만남

Meeting new people

🎧 다음 대화를 듣고 따라 말해 보세요. 01-1

제인 **Hello.**
헬로우

수호 **Hello.**
헬로우

제인 **May I ask your name?**
메이 아이 애쓰크 유어 네임

수호 **I'm Suho.**
아임 수호

패턴 01 **May I ask your +** 명사 **?**

당신의 ~를 여쭤봐도 될까요?

누군가를 처음 만났을 때 그냥 What's your name?[왓쓰 유어 네임]이라고 하면 '이름이 뭐요?'처럼 무례하게 들릴 수도 있습니다. 이때는 '제가 ~해도 될까요?'라는 뜻의 May I[메이 아이]＋동사?를 써서 공손하게 물어보세요. 동사 자리에 ask[애쓰크: 물어보다]를 쓴 May I ask your[메이 아이 애쓰크 유어]＋명사?는 '당신의 ~를 여쭤봐도 될까요?'란 뜻이 됩니다.

| 패턴 01 | **성함을 여쭤봐도 될까요?** |
| 패턴 02 | **난 수호예요.** |

○ 누군가를 처음 만났을 때는 어떻게 인사하면 좋을까요?
상대방의 이름을 공손하게 물어보고 자기 이름도 소개해 봅시다.

제인   안녕하세요.

수호   안녕하세요.

제인   성함을 여쭤봐도 될까요?

수호   난 수호예요.

새로 나온 단어

hello [헬로우] 안녕하세요
may [메이] ~해도 된다, ~해도 좋다
I [아이] 나는, 내가
ask [애쓰크] 물어보다
your [유어] 당신의, 너의
name [네임] 이름, 성함
I'm [아임] 나는 ~이다

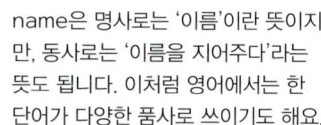

name은 명사로는 '이름'이란 뜻이지만, 동사로는 '이름을 지어주다'라는 뜻도 됩니다. 이처럼 영어에서는 한 단어가 다양한 품사로 쓰이기도 해요.

| 패턴 02 | **I'm +** 이름 **.** |

난 ~예요.

상대방에게 이름이 뭐냐는 질문을 받게 되면 '내 이름은 ~입니다'란 뜻의 My name is[마이 네임 이즈]＋이름.처럼 대답할 수 있는데요, 좀 더 간단하게 이름을 말하고 싶으면 I'm[아임]＋이름.으로 말해도 충분합니다. I'm은 I am[아이 엠]의 줄임말로, '난 ~예요'라는 뜻이지요. am[엠]은 be[비]동사로 '~이다'라는 의미를 갖습니다.

패턴 01 연습하기

당신의 ~를 여쭤봐도 될까요?

● 빈칸에 아래 단어를 넣어 말해 보세요. 🎧 01-2

May I ask your ☐ ?
당신의 ☐ 를 여쭤봐도 될까요?

address
애드레쓰
주소

age[1]
에이쥐
나이

last name[2]
래쓰트 네임
성

phone number
포운 넘버
전화번호

1 age '몇 살이에요?'라고 상대방의 나이(age)를 직접적으로 물어보는 질문은 How old are you?[하우 올드 아 유]인데요, 예의 바르게 물어보려면 May I ask how old you are?[메이 아이 애쓰크 하우 올드 유 아]라고 할 수도 있습니다.

2 last name last[래쓰트]는 '끝의, 마지막의'라는 뜻인데, 영어에서는 성이 뒤에 오기 때문에 last name[래쓰트 네임]이라고 합니다. 한편, 이름은 앞에 온다고 해서 first[퍼쓰트: 첫 번째의, 처음의]를 써서 first name[퍼쓰트 네임]이라고 하지요.

> **패턴 02 연습하기**
>
> # 난 ~예요.

● 빈칸에 아래 단어를 넣어 말해 보세요. 🎧 01-3

I'm ☐.
난 ☐ 예요.

Sam[1] 쌤 샘	**Brad** 브래드 브래드	**Tony Scott**[2] 토우니 스캇 토니 스콧
Cindy 씬디 신디	**Jenny** 줴니 제니	**Kim Misun** 김 미선 김미선

1 Sam 영어권 국가에서 친한 사람들끼리는 서로 애칭으로 부르고는 합니다. Sam[쌤]은 남자이름 Samuel[쌔뮤얼]의 애칭이기도 하지만, 여자이름 Samantha[쌔맨떠]의 애칭이기도 하지요.

2 Tony Scott 한국에서는 '성 + 이름' 순이지만 서양에서는 '이름 + 성' 순으로 말합니다. 따라서 Tony[토우니]가 '이름', Scott[스캇]이 '성'에 해당합니다. 한국 이름을 영어로 말할 때는 서양식으로 Misun Kim(미선 김)이라고 해도 좋습니다.

대화하기 새 이웃과의 첫 만남

🎧 다음 대화를 듣고 따라 말해 보세요. 🎧 01-4

이웃집에 이사 온 토니를 처음 만난 미선이 친근하게 인사를 건넵니다.

미선 **Hello.**
헬로우

토니 **Hello.**
헬로우

미선 **May I ask your name?**
메이 아이 애쓰크 유어 네임

토니 **I'm Tony.**
아임 토우니

미선 **Tony? I'm Misun. Nice to meet you.**
토우니 아임 미선 나이쓰 투 밋 유

토니 **Nice to meet you, too.**
나이쓰 투 밋 유 투

미선 **May I ask your last name?**
메이 아이 애쓰크 유어 래쓰트 네임

토니 **My last name is Scott.**
마이 래쓰트 네임 이즈 스캇

미선	안녕하세요.
토니	안녕하세요.
미선	**성함을 여쭤봐도 될까요?**
토니	**전 토니예요.**
미선	토니? **전 미선이에요.** 만나서 반가워요.
토니	저도 만나서 반가워요.
미선	**성을 여쭤봐도 될까요?**
토니	제 성은 스콧이에요.

확인하기 01 첫 만남

A 빈칸에 들어갈 알맞은 단어를 보기에서 찾아 쓰세요. (문장의 첫 글자는 대문자로 쓰세요.)

| 보기 | name | I'm | may | hello |

① 안녕하세요.
　[　　　].

② 성함을 여쭤봐도 될까요?
　[　　　] I ask your [　　　]?

③ 난 수호예요.
　[　　　] Suho.

B 보기에서 알맞은 표현을 찾아 다음 문장을 완성하세요.

| 보기 | Kim Misun　　address |
| | phone number　　Sam |

① 주소를 여쭤봐도 될까요?
　May I ask your [　　　]?

② 전화번호를 여쭤봐도 될까요?
　May I ask your [　　　]?

③ 난 샘이에요.
　I'm [　　　].

④ 난 김미선이에요.
　I'm [　　　].

더 말해보기 안녕하세요.

🎧 다음 문장을 듣고 따라 말해 보세요. 🎧 01-5

일상적인 인사

Hello. 안녕하세요.
헬로우

Hi. 안녕.
하이

■ 영어에는 존댓말과 반말은 없지만, 격식을 차린 표현과 그렇지 않은 표현은 있습니다.
Hi.는 Hello.보다 좀 더 격의 없는 사이에서 사용하는 인사말입니다.

Good morning. 안녕하세요. (아침 인사)
굿 모닝

Good afternoon. 안녕하세요. (오후 인사)
굿 애프터눈

Good evening. 안녕하세요. (저녁 인사)
굿 이브닝

■ 영어에서는 한국어와 달리 시간대에 따라 달라지는 인사말이 있으므로 유의하세요.
morning은 '아침', afternoon은 '오후', evening은 '저녁'을 뜻합니다.

안부 인사

How's it going? 어떻게 지내요?
하우즈 잇 고우잉

↳ **I'm okay.** 괜찮게 지내요.
아임 오우케이

↳ **I'm good.** 잘 지내요.
아임 굿

↳ **Pretty good.** 아주 잘 지내요.
프리티 굿

↳ **Could be better.** 그냥 그래요.
쿠드 비 베러

생활 속 콩글리시를 찾아라!

자동차

자동차와 관련된 표현 중에는 유난히 실제 영어단어와 다른 경우가 많습니다. 일본식 영어표현이 그대로 들어오면서 외래어로 정착한 단어가 많기 때문인데요. 실제 영어로는 어떤 단어를 쓰는지 알아볼까요?

핸들 ➡ steering wheel [스티어링 윌]

자동차를 운전할 때 방향을 조종하는 운전대를 핸들이라고 부릅니다. 하지만 handle[핸들]은 문과 서랍 등을 여는 손잡이를 뜻할 뿐, 자동차 핸들을 뜻하지는 않습니다. 맞는 영어 표현은 steering wheel[스티어링 윌]이에요. steering[스티어링]은 '조종하는'이고, wheel[윌]은 '바퀴'니까 '바퀴를 조종하는 것', 즉 '자동차 운전대'를 말하는 거지요.

백미러 ➡ rearview mirror [리어뷰 미러]

운전자가 자동차 후방을 확인할 때 쓰는 '백미러'는 '뒤의'를 뜻하는 back[백]과 '거울'을 뜻하는 mirror[미러]를 합쳐 만든 단어인데, 실제 영어로는 rearview mirror[리어뷰 미러]라고 합니다. rear[리어]는 '뒤쪽의', view[뷰]는 '시야'라는 뜻이므로 '뒤쪽의 시야를 보여주는 거울'이란 의미가 되지요.

펑크 난 타이어 ➡ flat tire [플랫 타이어]

타이어에 바람이 빠졌을 때 우리는 펑크가 났다고 표현하는데, 영어로 punk[펑크]는 '펑크 음악, 불쏘시개 나무'를 뜻할 뿐입니다. '펑크'에 딱 들어맞는 영어표현은 없고 '펑크 난 타이어'를 flat tire[플랫 타이어]라고 하죠. flat[플랫]은 '납작한', tire[타이어]는 '고무 타이어'를 뜻합니다. 펑크가 나면 바람이 빠져서 타이어가 납작해지기 때문에 flat은 '펑크가 난'이란 뜻이 됩니다.

직업
Jobs

○ 다음 대화를 듣고 따라 말해 보세요. 🎧 02-1

미션 **What's your** occupation?
왓쓰 유어 아큐페이션

토니 **I'm an** engineer. What about you?
아임 언 엔쥐니어 왓 어바웃 유

미션 **I'm a** homemaker.
아임 어 호움메이커

토니 Oh, I see.
오우 아이 씨

패턴 03 **What's your +** 명사 **?**

당신의 ~가 뭐예요?

직업, 전화번호, 주소, 이름 등 상대방과 관련된 다양한 개인정보를 묻고자 할 때는 What's your[왓쓰 유어] + 명사? 패턴을 사용합니다. '당신의 ~가 뭐예요?'란 의미지요. What's[왓쓰]는 What is[왓 이즈]의 줄임말로, 상대방에 대해 궁금한 내용을 명사 자리에 넣어 물어보면 됩니다. 이때 명사 앞에 '당신의'를 뜻하는 your[유어]를 꼭 넣어 말해 주세요.

| 패턴 03 | **직업이 뭐예요?** |
| 패턴 04 | **난 기술자예요.** |

○ 새로운 사람을 만나 이야기를 나누다 보면 상대방이 하는 일이 뭔지 궁금해집니다. 이번에는 영어로 상대방의 직업을 물어보고 자신의 직업이 뭔지도 말해 봅시다.

미션 　직업이 뭐예요?

토니 　난 기술자예요. 당신은요?

미션 　난 가정주부예요.

토니 　오, 그렇군요.

새로 나온 단어

what [왓] 무엇, 무슨

occupation [아큐페이션]
직업, 업무, 일

engineer [엔쥐니어]
기술자, 엔지니어

What about ~? [왓 어바웃]
~는 어떤가요?

you [유] 너, 당신

homemaker [호움메이커]
가정주부, 전업주부

see [씨] 이해하다, 보다

| 패턴 04 | **I'm a[an] +** 직업 명사 **.** |

난 ~예요.

자신의 직업을 얘기할 때는 '내 직업은 ~하는 것입니다'라는 뜻의 My job is to[마이 좁 이즈 투]+동사.로 표현할 수도 있지만, '난 ~예요'란 뜻의 I'm a[아임 어]+직업 명사.로 간단하게 말할 수도 있어요. 영어에서는 '하나', '둘'을 셀 수 있는 명사 앞에는 반드시 '하나의'를 뜻하는 a[어]나 an[언]을 붙입니다. engineer[엔쥐니어]처럼 모음(a, e, i, o, u)으로 시작하는 명사는 앞에 an[언]을 붙이죠.

| 패턴 03 연습하기 | **당신의 ~가 뭐예요?** |

○ 빈칸에 아래 단어를 넣어 말해 보세요. 🎧 02-2

What's your ☐ ?
당신의 ☐ 가 뭐예요?

| **name**
 네임
 이름  | **nickname**
 닉네임
 별명  | **number**[1]
 넘버
 전화번호  |
| **dream**
 드림
 꿈  | **major**
 메이줘
 전공  | **email address**[2]
 이메일 애드레쓰
 이메일(전자우편) 주소 |

1 number 명사 number[넘버]는 원래 '숫자'라는 뜻인데요, '전화번호'라는 뜻의 phone number[포운 넘버]를 간단히 줄여 이렇게 말하기도 합니다.

2 email address 우리가 인터넷으로 쓰는 '전자우편'을 email[이메일]이라고 합니다. address[애드레쓰]는 '주소'라는 뜻이므로 email address[이메일 애드레쓰]는 abc@hanmail.net 같은 '전자우편 주소'를 말합니다. 참고로 골뱅이 기호 @는 at[앳], 점(.)은 dot[닷]이라고 읽으므로 [에이비씨 앳 한메일 닷 넷]처럼 말하면 됩니다.

패턴 04 연습하기
난 ~예요.

● 빈칸에 아래 단어를 넣어 말해 보세요. 02-3

I'm a[an] ☐.
난 ☐ 예요.

teacher
티춰
선생님

nurse
너쓰
간호사

lawyer
로여
변호사

cashier
캐쉬어
(가게의) 계산원

office worker[1]
어퓌쓰 워커
회사원, 사무원

taxi driver[2]
택씨 드라이버
택시 운전사

1 office worker office[어퓌쓰]는 '사무실', worker[워커]는 '일하는 사람'이란 뜻입니다. office worker[어퓌쓰 워커]는 사무실에서 일하는 일반 사무직 근로자를 일컫는 단어인데, 모음으로 시작하기 때문에 앞에 an[언]을 붙여 말합니다.

2 taxi driver 명사 taxi[택씨: 택시]와 명사 driver[드라이버: 운전사]를 합치면 taxi driver[택씨 드라이버]라는 복합 명사가 됩니다. 참고로 '버스 운전사'는 bus driver[버쓰 드라이버]라고 하지요.

대화하기 직업 소개

○ 다음 대화를 듣고 따라 말해 보세요. 🎧 02-4

출근길에 집 앞에서 만난 제인과 수호가 자신의 직업에 대해 이야기를 나눕니다.

제인 **What's your occupation?**
왓쓰 유어 아큐페이션

수호 **I'm a taxi driver.** What about you?
아임 어 택씨 드라이버 왓 어바웃 유

제인 **I'm a teacher.**
아임 어 티쳐

수호 Oh, are you an English teacher?   English 영어
오우 아 유 언 잉글리쉬 티쳐

제인 Yes, **I'm an English teacher.**
예쓰 아임 언 잉글리쉬 티쳐

수호 Where do you work?   work 일하다
웨어 두 유 워크

제인 I work at Darak High School.   high school 고등학교
아이 워크 앳 다락 하이 스쿨

수호 Oh, I see.
오우 아이 씨

제인	직업이 뭐예요?
수호	전 택시 운전사예요. 당신은요?
제인	전 선생님이에요.
수호	오, 영어 선생님이세요?
제인	네, 전 영어 선생님이에요.
수호	어디서 근무하시죠?
제인	다락 고등학교에서 근무해요.
수호	오, 그렇군요.

확인하기 02 직업

정답 226쪽

A 빈칸에 들어갈 알맞은 단어를 보기에서 찾아 쓰세요.

보기	engineer	your	see	occupation

① 직업이 뭐예요?
What's [ ] [ ] ?

② 난 기술자예요.
I'm an [ ] .

③ 오, 그렇군요.
Oh, I [ ] .

B 보기에서 알맞은 표현을 찾아 다음 문장을 완성하세요.

보기	office worker	number
	taxi driver	nickname

① 당신 전화번호가 뭐예요?
What's your [ ] ?

② 당신 별명이 뭐예요?
What's your [ ] ?

③ 난 택시 운전사예요.
I'm a [ ] .

④ 난 회사원이에요.
I'm an [ ] .

37

더 말해보기 | 난 판매 분야에서 일해요.

○ 다음 문장을 듣고 따라 말해 보세요. 🎧 02-5

상대방의 직업 물어보기

What do you do? 직업이 뭐예요? / 무슨 일을 하세요?
왓 두 유 두

What do you do for a living? 직업이 뭐예요?
왓 두 유 두 포 어 리빙

■ 이 문장은 직역하면 '생계수단으로 당신은 뭐 해요?'란 뜻입니다. for a living이 '생계를 위해', 즉 '생계 수단으로', '밥벌이로'란 의미인데, 생략하고 간단히 What do you do?로만 말해도 직업을 묻는 표현이 됩니다.

내 직업 소개하기

I work as a cook. 난 요리사로 일해요.
아이 워크 애즈 어 쿡

I work at a travel agency. 난 여행사에서 근무해요.
아이 워크 앳 어 트래블 에이젼씨

I work for the ABC Company. 난 ABC 회사에서 근무해요.
아이 워크 포 더 에이비씨 컴퍼니

■ 어떤 회사를 다니고 있는지 말할 때는 I work for + 회사 이름.을 활용하세요.

I work in sales. 난 판매 분야에서 일해요.
아이 워크 인 쎄일즈

My job is to teach English. 내 직업은 영어 가르치는 거예요.
마이 좝 이즈 투 티춰 잉글리쉬

I'm jobless now. 난 지금 실직 상태예요.
아임 좌블리쓰 나우

I'm retired now. 난 이제 은퇴했어요.
아임 리타이어드 나우

생활 속 영어를 찾아라!

직업

우리 사회를 구성하는 직업의 종류는 아주 다양합니다.
사회가 돌아가는 데 있어 무엇 하나 빠져서는 안 될 중요한 일들이지요.
우리 주변에서 흔히 볼 수 있는 직업을 영어로는 어떻게 말하는지 알아볼까요?

cook
쿡
요리사

farmer
파머
농부

doctor
닥터
의사

salesclerk
쎄일즈클럭
판매원, 점원

programmer
프로우그래머
(컴퓨터) 프로그래머

bus driver
버쓰 드라이버
버스 기사

police officer
폴리쓰 어퓌써
경찰관

designer
디좌이너
디자이너

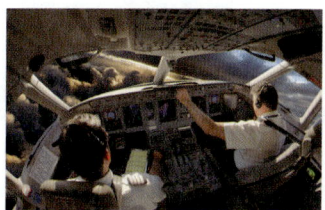

pilot
파일럿
조종사

03 고향
Hometown

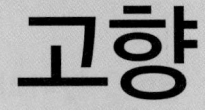

● 다음 대화를 듣고 따라 말해 보세요. 🎧 03-1

수호 **I'm glad to** meet you.
　　　아임　글래드　투　밋　　유

토니 **I'm glad to** meet you, too.
　　　아임　글래드　투　밋　　유　　투

수호 Where are you from?
　　　웨어　　아　유　　프럼

토니 **I'm from** Chicago.
　　　아임　프럼　　쉬카고우

패턴 05 **I'm glad to +** 동사 .

～해서 기뻐요. / ～해서 반가워요.

형용사 glad[글래드]는 '기쁜, 반가운'이란 뜻으로, 사람의 감정을 나타내는 형용사입니다. '～해서 기뻐요, ～해서 반가워요'라고 말할 때는 I'm glad to[아임 글래드 투]＋동사. 패턴을 활용합니다. to 뒤에 어째서 기쁜지 이유를 넣어 주면 됩니다. 때로는 '～해서 다행이에요' 라고 해석할 수도 있습니다.

| 패턴 05 | **만나서 반가워요.** |
| 패턴 06 | **난 시카고 출신이에요.** |

○ 외국인 친구를 처음 만났을 때 가장 궁금해 하는 것이 바로 출신지입니다. 내 고향과 국적이 어디인지 말해 봅시다.

수호 만나서 반가워요.

토니 나도 만나서 반가워요.

수호 어디서 왔어요?

토니 난 시카고 출신이에요.

새로 나온 단어

glad [글래드] 기쁜, 반가운
meet [밋] 만나다
too [투] ~도 (또한)
where [웨어] 어디
from [프럼] ~출신의
Chicago [쉬카고우] 시카고 (미국의 도시 이름)

상대방을 처음 만나 '만나서 반갑습니다'라고 인사할 때 I'm glad to meet you.로 말할 수 있습니다. glad 대신 같은 뜻의 pleased[플리즈드]를 써도 됩니다.

| 패턴 06 | **I'm from + 장소 명사 .** |

난 ~에서 왔어요. / 난 ~ 출신이에요.

외국에서 온 사람을 만났을 때 제일 먼저 물어보는 질문이 '어디서 왔어요?'란 뜻의 Where are you from?[웨어 아 유 프럼]입니다. 이때는 답변으로 I'm from[아임 프럼] + 장소 명사. 패턴을 활용하면 되죠. '난 ~에서 왔어요' 또는 '난 ~ 출신이에요'라는 뜻입니다. 뒤에 나라나 도시 이름을 넣어 내 국적이나 고향을 이야기할 수 있습니다.

패턴 05 연습하기
~해서 기뻐요[반가워요].

○ 빈칸에 아래 단어를 넣어 말해 보세요. 🎧 03-2

I'm glad to ☐.
☐ 해서 기뻐요[반가워요].

hear that[1]
히어 댓
그것을 듣다

be with you
비 위드 유
당신과 함께하다

see you again[2]
씨 유 어겐
당신을 다시 만나다

work with you
워크 위드 유
당신과 같이 일하다

1 hear that hear[히어]는 '듣다', that[댓]은 '그것'이라는 뜻입니다. I'm glad to hear that.[아임 글래드 투 히어 댓]은 '그것을 들어서 기쁘네요', 즉 '그렇다니 다행이네요'란 뜻입니다. 누군가로부터 좋은 소식을 들었을 때 이렇게 말할 수 있죠.

2 see you again 동사 see[씨]는 '(사람을 우연히) 만나다', again[어겐]은 '다시'란 뜻입니다. 예전에 만났던 사람을 다른 곳에서 다시 마주쳤을 때 I'm glad to see you again.[아임 글래드 투 씨 유 어겐]이라고 말할 수 있어요.

| 패턴 06 연습하기 | **난 ~에서 왔어요.** |

● 빈칸에 아래 단어를 넣어 말해 보세요. 🎧 03-3

I'm from ☐.
난 ☐에서 왔어요.

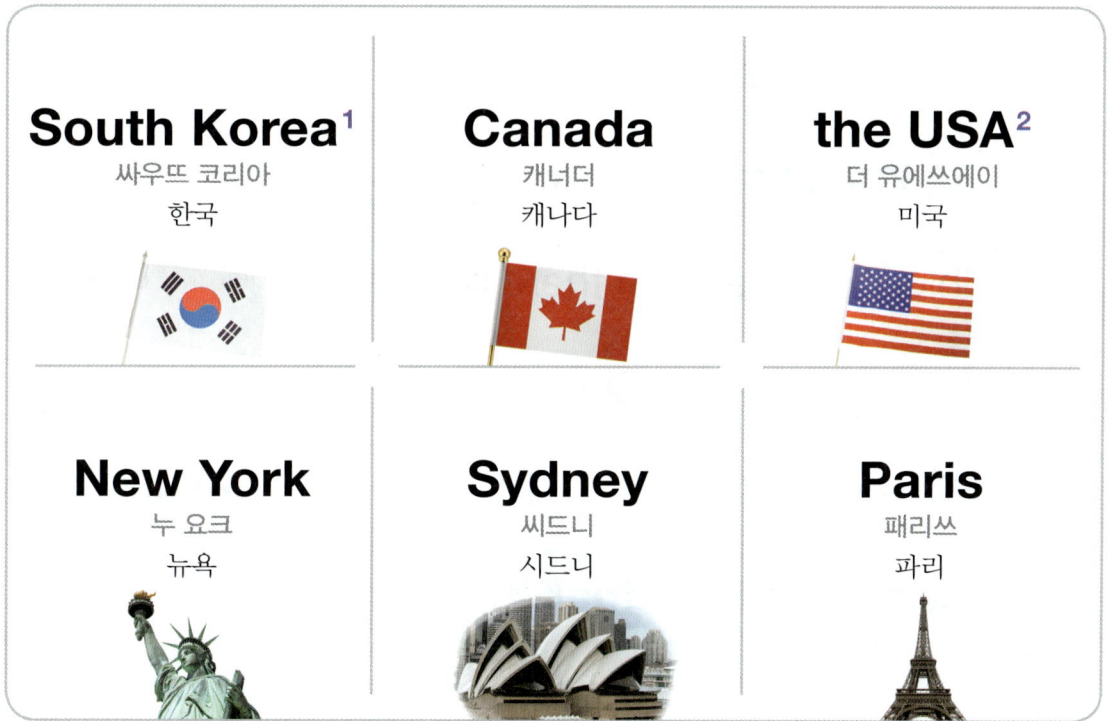

South Korea[1]
싸우뜨 코리아
한국

Canada
캐너더
캐나다

the USA[2]
더 유에쓰에이
미국

New York
누 요크
뉴욕

Sydney
씨드니
시드니

Paris
패리쓰
파리

[1] **South Korea** 대한민국의 공식 명칭은 The Republic of Korea[더 리퍼블릭 어브 코리아]입니다. 하지만 너무 길기 때문에 그냥 Korea[코리아]나, '남쪽의'를 뜻하는 south[싸우뜨]를 앞에 붙여 South Korea[싸우뜨 코리아]라고 말합니다.

[2] **the USA** 텍사스주, 캘리포니아주 같은 여러 주(states)로 이루어진 미국의 공식 명칭은 the United States of America[더 유나이티드 스테이츠 어브 어메리커]입니다. 간단하게 앞 글자만 따서 the USA[더 유에쓰에이]라고 하지요.

대화하기: 출신 국가와 도시

🔵 다음 대화를 듣고 따라 말해 보세요. 🎧 03-4

미선은 토니가 어느 나라에서 온 사람인지 궁금해서 질문을 던집니다.

미선 Tony, are you from Canada?
토우니 아 유 프럼 캐너더

토니 No, **I'm from** the USA.
노우 아임 프럼 더 유에쓰에이

미선 Then are you from New York?   **then** 그러면
덴 아 유 프럼 누 요크

토니 No, **I'm from** Chicago.
노우 아임 프럼 쉬카고우

미선 Chicago? I've been there before.   **there** 거기 **before** 전에
쉬카고우 아이브 빈 데어 비포어

토니 Really? How was Chicago?   **how** 어떤 **was** ~였다
리얼리 하우 워즈 쉬카고우

미선 It was wonderful.   **wonderful** 아주 멋진
잇 워즈 원더풀

토니 **I'm glad to** hear that.
아임 글래드 투 히어 댓

미선	토니, 캐나다에서 왔어요?
토니	아니요, **난 미국에서 왔습니다.**
미선	그럼 뉴욕 출신이에요?
토니	아니요, **난 시카고 출신이에요.**
미선	시카고요? 전에 거기 가 본 적 있어요.
토니	정말이에요? 시카고 어땠어요?
미선	아주 멋졌어요.
토니	**그 말을 들으니 기뻐요.**

확인하기 03 고향

정답 226쪽

A 빈칸에 들어갈 알맞은 단어를 보기에서 찾아 쓰세요.

| 보기 | Chicago | glad | from | meet |

① 어디서 왔어요?
Where are you ☐?

② 난 시카고 출신이에요.
I'm from ☐.

③ 만나서 반가워요.
I'm ☐ to ☐ you.

B 보기에서 알맞은 표현을 찾아 다음 문장을 완성하세요.

| 보기 | see you again | Sydney |
| | be with you | South Korea |

① 난 한국에서 왔어요.
I'm from ☐.

② 난 시드니 출신이에요.
I'm from ☐.

③ 당신을 다시 만나서 기뻐요.
I'm glad to ☐.

④ 당신과 함께해서 기뻐요.
I'm glad to ☐.

45

더 말해보기   난 한국인이에요.

○ 다음 문장을 듣고 따라 말해 보세요. 🎧 03-5

국적에 대해 말하기

I'm Korean. 난 한국인이에요.
아임   코리언

I'm from Seoul, Korea. 한국의 서울에서 왔어요.
아임   프럼   서울   코리아

■ 영어에서는 큰 단위가 뒤에 옵니다. 그래서 나라 이름이 도시 이름 뒤에 나오죠.

I come from South Korea. 난 한국에서 왔어요.
아이 컴   프럼   싸우뜨   코리아

■ I'm from + 장소 명사. 대신 I come from + 장소 명사.를 써서 내 출신지를 나타낼 수도 있습니다.

What's your nationality? 국적이 어떻게 되세요?
왓쓰   유어   내셔낼러티

↘ **South Korean.** 한국이요.
    싸우뜨   코리언

고향에 대해 말하기

Where is your hometown? 고향이 어디예요?
웨어   이즈 유어   호움타운

↘ **My hometown is Jeonju.** 제 고향은 전주예요.
    마이   호움타운   이즈 전주

Where were you born? 어디서 태어났어요?
웨어   워   유   보언

↘ **I was born in Seattle.** 시애틀에서 태어났어요.
    아이 워즈 보언   인 씨애틀

■ 내가 태어난 곳을 말할 때는 I was born in + 도시 이름.을 씁니다.

I was born and raised in Busan. 부산에서 태어나고 자랐어요.
아이 워즈   보언   앤   레이즈드   인   부산

생활 속 영어를 찾아라!

나라 이름

전세계에는 200개가 넘는 다양한 나라가 있습니다.
여러 나라 이름을 영어로는 어떻게 말하는지 알아볼까요?

China
차이너
중국

Japan
쥬팬
일본

India
인디어
인도

Thailand
타일랜드
태국

Australia
오스트레일리어
호주

the UK
더 유케이
영국

Germany
쥬매니
독일

Italy
이털리
이탈리아

France
프랜쓰
프랑스

여가 시간
Leisure time

🔊 다음 대화를 듣고 따라 말해 보세요. 🎧 04-1

미션 **What do you do in your free time?**
왓 두 유 두 인 유어 프리 타임

토니 **I usually watch TV.**
아이 유주얼리 와취 티비

미션 **What do you usually watch?**
왓 두 유 유주얼리 와취

토니 **I enjoy watching sports.**
아이 인조이 와칭 스포츠

패턴 07 **I usually + 동작 동사 .**

난 주로 ~해요.

주어 I[아이] 다음에는 am[앰] 같은 be[비]동사 또는 일반동사가 나옵니다. 평소에 즐겨 하는 일을 언급할 때는 동작을 나타내는 일반동사(동작 동사)의 현재형이 나와야 하죠. 이때 동사 앞에 '주로, 보통'을 뜻하는 usually[유주얼리]를 넣으면 반복적으로 즐겨 하는 일을 나타낼 수 있어요. I usually[아이 유주얼리] + 동작 동사.는 '난 주로 ~해요'라는 의미입니다.

| 패턴 07 | 난 주로 텔레비전을 봐요.
| 패턴 08 | 난 스포츠 보는 걸 즐겨요.

○ 여가 생활을 즐기는 방식은 사람마다 제각기 다릅니다.
자신이 평소 여가 시간에 즐겨 하는 일이 무엇인지 말해 봅시다.

미션 여가 시간에 뭐 해요?

토니 난 주로 텔레비전을 봐요.

미션 주로 뭘 보는데요?

토니 난 스포츠 보는 걸 즐겨요.

새로 나온 단어

do [두] 하다
in [인] (기간) ~에, ~동안에
free [프리] 여가의, 한가한
time [타임] 시간
usually [유주얼리] 주로
watch [와취] 보다, 시청하다
TV [티비] 텔레비전
enjoy [인조이] 즐기다
sport [스포트] 스포츠, 운동

여러 운동(sport)을 뭉뚱그려 말할 때는 s를 붙여 복수형 sports로 말합니다.

| 패턴 08 | **I enjoy +** 동사**ing** .

난 ~하는 걸 즐겨요.

I enjoy[아이 인조이]＋동사ing.는 '난 ~하는 걸 즐겨요'란 뜻으로, 스스로 즐겨 하는 일을 언급할 때 사용하는 패턴입니다. 이때 '즐기다'라는 뜻의 동사 enjoy[인조이] 다음에는 목적어로 동명사 형태가 옵니다. 동명사는 동사 끝에 ing를 붙여서 동사를 '~하기, ~하는 것'이라는 뜻으로 만들어 주는 형태를 말하죠. 예를 들어 동사 watch[와취]는 '보다'란 뜻이지만, 동명사 watching[와췽]은 '보기, 보는 것'이란 뜻이 됩니다.

패턴 07 연습하기 — 난 주로 ~해요.

○ 빈칸에 아래 단어를 넣어 말해 보세요. 🎧 04-2

I usually ☐.
난 주로 ☐ 해요.

go shopping¹
고우 샤핑
쇼핑하러 가다

ride a bike
라이드 어 바익
자전거를 타다

stay home²
스테이 호움
집에 머무르다

read books
리드 북쓰
책을 읽다

1 go shopping 동사 go[고우: 가다] 뒤에 동명사(동사ing)가 나오면 '~하러 가다'라는 뜻이 됩니다. 예를 들어 go fishing[고우 퓌싱: 낚시하러 가다], go jogging[고우 좌깅: 조깅하러 가다], go camping[고우 캠핑: 캠핑하러 가다]처럼 말하지요.

2 stay home 동사 stay[스테이]는 '(같은 장소에) 머무르다'란 뜻입니다. home[호움]은 명사로는 '집'을 뜻하지만 여기서는 '(자기) 집에'라는 뜻의 부사로 쓰였습니다. 그래서 stay home[스테이 호움]은 '집에 머무르다'란 뜻이 됩니다.

패턴 08 연습하기
난 ~하는 걸 즐겨요.

○ 빈칸에 아래 단어를 넣어 말해 보세요. 🎧 04-3

I enjoy ☐.
난 ☐하는 걸 즐겨요.

driving[1]
드라이빙
운전하는 것

swimming[1]
스위밍
수영하는 것

playing soccer[2]
플레잉 싸커
축구를 하는 것

watching movies
와칭 무비즈
영화 보는 것

1 driving/swimming 동사 drive[드라이브]는 '운전하다'라는 뜻인데, e로 끝나는 동사에 ing를 붙일 때는 e를 뺍니다. 한편, swim[스윔: 수영하다]처럼 '모음 하나 + 자음 하나'로 끝나는 동사는 끝의 자음을 한 번 더 쓰고 ing를 붙이지요.

2 playing soccer 동사 play[플레이]는 '(스포츠를) 하다'라는 뜻입니다. 뒤에 스포츠 이름을 넣어 play soccer[플레이 싸커: 축구를 하다], play baseball[플레이 베이쓰벌: 야구를 하다], play tennis[플레이 테니쓰: 테니스를 치다]처럼 말할 수 있어요.

대화하기 즐거운 여가 생활

○ 다음 대화를 듣고 따라 말해 보세요. 🎧 04-4

수호와 제인이 여가 시간을 어떻게 보내는지에 대해 서로 대화를 나눕니다.

수호 What do you do in your free time?
왓 두 유 두 인 유어 프리 타임

제인 **I usually read books.**
아이 유주얼리 리드 북쓰

수호 What do you usually read?
왓 두 유 유주얼리 리드

제인 **I enjoy reading novels.**　　　　　　　　　　　novel 소설
아이 인조이 리딩 나블즈

Do you enjoy reading books?
두 유 인조이 리딩 북쓰

수호 No, I rarely read books.　　　　　　　　　　　rarely 거의 하지 않는
노우 아이 레얼리 리드 북쓰

But **I enjoy watching movies.**　　　　　　　but 하지만
벗 아이 인조이 와칭 무비즈

제인 Oh, really? I love that, too.　　　　　　　　love 아주 좋아하다
오우 리얼리 아이 러브 댓 투

수호	여가 시간에 뭐 해요?
제인	난 주로 책을 읽어요.
수호	주로 뭘 읽나요?
제인	난 소설 읽는 걸 즐겨요. 당신은 책 읽는 걸 즐기나요?
수호	아뇨, 난 책은 거의 안 읽어요. 하지만 난 영화 보는 걸 즐겨요.
제인	오, 정말이요? 저도 그거 아주 좋아해요.

확인하기 04 여가 시간

정답 227쪽

A 빈칸에 들어갈 알맞은 단어를 보기에서 찾아 쓰세요. (문장의 첫 글자는 대문자로 쓰세요.)

| 보기 | usually | what | enjoy | free |

① 여가 시간에 뭐 해요?
　　_____ do you do in your _____ time?

② 난 주로 텔레비전을 봐요.
　　I _____ watch TV.

③ 난 스포츠 보는 걸 즐겨요.
　　I _____ watching sports.

B 보기에서 알맞은 표현을 찾아 다음 문장을 완성하세요.

| 보기 | read books　　swimming |
| | watching movies　　ride a bike |

① 난 주로 자전거를 타요.
　　I usually _____.

② 난 주로 책을 읽어요.
　　I usually _____.

③ 난 수영하는 걸 즐겨요.
　　I enjoy _____.

④ 난 영화 보는 걸 즐겨요.
　　I enjoy _____.

더 말해보기 취미가 뭐예요?

● 다음 문장을 듣고 따라 말해 보세요. 🎧 04-5

취미 물어보기

What do you do for fun? 취미가 뭐예요?
왓 두 유 두 포 펀

■ 취미를 물어볼 때 hobby(취미)를 활용해 What are your hobbies?라고 하면, 오랜 시간과 노력을 투자해서 전문적으로 즐기는 취미가 뭐냐고 묻는 표현이 됩니다. for fun(재미로, 취미 삼아)을 써서 위의 문장처럼 물어야 가볍게 즐기는 여가 활동, 즉 일반적인 의미의 '취미가 뭐예요?'의 뜻이 됩니다.

What do you do after work? 퇴근 후에 뭐 해요?
왓 두 유 두 애프터 워크

What do you do in your spare time? 여가 시간에 뭐 해요?
왓 두 유 두 인 유어 스페어 타임

내 취미 말하기

I like watching TV. 난 텔레비전 보는 걸 좋아해요.
아이 라익 와칭 티비

■ I like + 동사ing.로 '~하는 걸 좋아해요'라고 말할 수 있습니다.

In my free time, I shop online. 여가 시간에 온라인으로 쇼핑해요.
인 마이 프리 타임 아이 샵 온라인

I usually meet my friends. 난 주로 친구들을 만나요.
아이 유주얼리 밋 마이 프렌즈

I just sleep. 그냥 자요.
아이 줘스트 슬립

I'm interested in movies. 난 영화에 관심이 있어요.
아임 인터레스티드 인 무비즈

■ '~에 관심이 있어요, ~에 흥미가 있어요'라고 자신의 관심사를 말할 때 I'm interested in + 명사. 패턴을 활용하세요.

생활 속 영어를 찾아라!

가전제품

우리가 매일 쓰는 가전제품 중에는 영어로 된 이름이 많이 있습니다.
외국에서 건너 온 물건들이 많으니까 당연하다면 당연한 일이지요.
우리 주변에서 많이 보는 가전제품을 영어로는 어떻게 말하는지 알아볼까요?

television
텔러뷔젼
텔레비전

oven
오우븐
오븐

radio
레이디오우
라디오

fan
팬
선풍기

hairdryer
헤어드라이어
헤어드라이어

toaster
토우스터
토스터

microwave oven
마이크러웨이브 오우븐
전자레인지

vacuum cleaner
배큐엄 클리너
진공청소기

washing machine
와슁 머쉰
세탁기

05 음악
Music

🎧 다음 대화를 듣고 따라 말해 보세요. 🎧 05-1

수호 **Do you like** listen**ing** to music?
두 유 라익 리쓰닝 투 뮤직

제인 Yes, I do.
예쓰 아이 두

수호 Do you like jazz music?
두 유 라익 재즈 뮤직

제인 No, **I like** classical music.
노우 아이 라익 클래씨컬 뮤직

패턴 09 **Do you like +** 동사**ing** ?

~하는 걸 좋아해요?

상대방에게 Do you like[두 유 라익]+동사ing?로 물으면 '~하는 걸 좋아해요?'라는 뜻입니다. 동사 like[라익] 뒤에는 to부정사(to+동사원형)와 동명사(동사ing)가 모두 올 수 있어요. 동명사를 쓰면 '동작'의 의미가 강조되어 좋아하는 행위를 늘 즐긴다는 느낌을 주지만, to부정사를 쓰면 좋아하지만 항상 즐긴다는 뜻은 전달하지 않습니다.

패턴 09 **음악 듣는 걸 좋아해요?**
패턴 10 **난 클래식 음악을 좋아해요.**

○ 음악 감상은 우리 삶을 좀 더 풍요롭게 해 주는 취미 활동입니다. 친구와 서로 좋아하는 음악에 대해 대화를 나눠 봅시다.

수호 음악 듣는 걸 좋아해요?

제인 네, 좋아해요.

수호 재즈 음악을 좋아해요?

제인 아니요, 난 클래식 음악을 좋아해요.

새로 나온 단어

like [라익] 좋아하다
listen to [리쓴 투] ~를 듣다
music [뮤직] 음악
yes [예쓰] 네, 응
jazz [재즈] 재즈
no [노우] 아니요, 아니
classical [클래씨컬] 고전의, 클래식의

재즈 음악(jazz music)은 즉흥적이고 강한 리듬이 특징인 음악 장르이며, 클래식 음악(classical music)은 베토벤, 모차르트 등 옛날 음악가들이 작곡한 서양의 고전음악을 말합니다.

패턴 10 **I like +** 명사 **.**

난 ~를 좋아해요.

동사 like[라익]은 목적어로 뒤에 soccer[싸커: 축구], movies[무비즈: 영화] 같은 명사가 올 수도 있습니다. 그래서 '난 ~를 좋아해요'라고 할 때 I like[아이 라익] + 명사. 패턴으로 말하지요. 물론 명사 대신 동명사나 to부정사를 써서 '나는 축구를 하는 걸 좋아해요'를 I like playing soccer.[아이 라익 플레잉 싸커] 또는 I like to play soccer.[아이 라익 투 플레이 싸커]처럼 표현할 수도 있습니다.

패턴 09 연습하기
~하는 걸 좋아해요?

○ 빈칸에 아래 단어를 넣어 말해 보세요. 🎧 05-2

Do you like ☐?
☐ 하는 걸 좋아해요?

singing
씽잉
노래하는 것

traveling[1]
트래블링
여행하는 것

taking pictures
테이킹 픽춰즈
사진 찍는 것

eating out[2]
이팅 아웃
외식하는 것

1 traveling 동사 travel[트래블]은 '(장거리를) 여행하다'란 뜻입니다. 뒤에 부사를 넣어 다양하게 활용할 수 있습니다. travel alone[트래블 얼로운: 혼자 여행하다] 또는 travel abroad[트래블 어브로드: 해외 여행하다]처럼 말하죠.

2 eating out 동사 eat[잇: 먹다]와 부사 out[아웃: 밖에]가 합쳐진 eat out[잇 아웃]은 '밖에서 먹다', 즉 '외식하다'란 뜻입니다. 비슷한 예로 go out[고우 아웃]은 '밖으로 나가다', 즉 '외출하다'란 뜻이 되지요.

패턴 10 연습하기 — 난 ~를 좋아해요.

● 빈칸에 아래 단어를 넣어 말해 보세요. 🎧 05-3

I like _____.
난 _____를 좋아해요.

sports
스포츠
스포츠, 운동

history
히쓰터리
역사

pop music[1]
팝 뮤직
대중음악

basketball[2]
배쓰킷벌
농구

movies
무비즈
영화

computer games
컴퓨터 게임즈
컴퓨터 게임

---

1 pop music 클래식 음악과 상반되는 '대중음악'을 pop music[팝 뮤직]이라고 합니다. 줄여서 pop[팝]이라고도 하죠. 요즘 전세계에서 유행하는 한국의 대중음악을 K-pop[케이-팝]이라고 부르는데, Korean pop[코리언 팝]의 줄임말입니다.

2 basketball basket[배쓰킷]은 '바구니', ball[벌]은 '공'이라는 뜻인데요, 한국어 '농구'도 마찬가지로 '대바구니 롱(籠)'과 '공 구(球)'를 합쳐 만든 단어입니다. 말 그대로 농구는 바구니처럼 생긴 골대에 공을 넣어 점수를 얻는 스포츠지요.

대화하기 음악 취향은 제각각

○ 다음 대화를 듣고 따라 말해 보세요. 🎧 05-4

미선과 토니는 서로 좋아하는 음악 장르에 대해 얘기를 나눕니다.

토니　**Misun, do you like listening to music?**
　　　미선　두　유　라익　리쓰닝　투　뮤직

미선　Yes, I do.
　　　예쓰　아이 두

토니　Do you like pop music?
　　　두 유　라익　팝　뮤직

미선　No, **I like classical music.**
　　　노우　아이 라익　클래씨컬　뮤직

토니　Really?
　　　리얼리

미선　Of course. I love it. What about you?
　　　어브 코쓰　아이 러브 잇　왓　어바웃　유

토니　I don't like classical music, but **I like pop music.**
　　　아이 도운트　라익　클래씨컬　뮤직　벗　아이 라익　팝　뮤직

미선　Oh, I see.
　　　오우　아이 씨

토니	미선, **음악 듣는 걸 좋아해요?**
미선	네, 좋아해요.
토니	대중음악을 좋아하세요?
미선	아니요, **클래식 음악을 좋아해요.**
토니	정말로요?
미선	물론이죠. 아주 좋아해요. 당신은요?
토니	난 클래식 음악은 안 좋아하지만, **대중음악은 좋아해요.**
미선	오, 그렇군요.

확인하기 05 음악

A 빈칸에 들어갈 알맞은 단어를 보기에서 찾아 쓰세요. (문장의 첫 글자는 대문자로 쓰세요.)

| 보기 | no | listening | classical | yes |

① 음악 듣는 걸 좋아해요?
　Do you like _____ to music?

② 네, 좋아해요.
　_____, I do.

③ 아니요, 난 클래식 음악을 좋아해요.
　_____, I like _____ music.

B 보기에서 알맞은 표현을 찾아 다음 문장을 완성하세요.

| 보기 | sports | taking pictures |
| | eating out | basketball |

① 사진 찍는 걸 좋아해요?
　Do you like _____ ?

② 외식하는 걸 좋아해요?
　Do you like _____ ?

③ 난 농구를 좋아해요.
　I like _____ .

④ 난 스포츠를 좋아해요.
　I like _____ .

더 말해보기 어떤 음악을 좋아해요?

○ 다음 문장을 듣고 따라 말해 보세요. 🎧 05-5

좋아하는 음악 말하기

What kind of music do you like? 어떤 음악을 좋아해요?
왓 카인드 어브 뮤직 두 유 라익

↳ **I like dance music.** 난 댄스 음악을 좋아해요
아이 라익 댄쓰 뮤직

■ I like 뒤에 rock music(록 음악), folk music(민속 음악), country music(컨트리 음악) 등 자신이 좋아하는 음악 장르를 넣어 다양하게 답할 수 있습니다. 음악은 눈에 보이지 않으니 셀 수 없어서 앞에 a나 an을 붙이지도 않고, s를 붙여 복수형으로 쓰지도 않는답니다.

Who's your favorite singer? 가장 좋아하는 가수는 누구예요?
후즈 유어 페이버릿 씽어

↳ **My favorite singer is Lee Moonsae.** 가장 좋아하는 가수는 이문세예요.
마이 페이버릿 씽어 이즈 이문세

내 음악 실력 말하기

I'm tone-deaf. 난 음치예요.
아임 토운-데프

■ tone은 '음조, 음색', deaf는 '귀가 먹은'이란 뜻으로, tone-deaf는 '음 높이를 구분 못하는, 음치의'란 뜻이 됩니다.

I can't sing well. 난 노래 잘 못 불러요.
아이 캔트 씽 웰

I'm a good singer. 난 노래 잘해요.
아임 어 굿 씽어

I can play the piano. 난 피아노 칠 수 있어요.
아이 캔 플레이 더 피애노우

■ 내가 연주할 줄 아는 악기를 말할 때는 I can play the + 악기 이름.으로 말하면 됩니다. 이때 악기 이름 앞에는 a나 an이 아니라 the가 붙으니 주의하세요.

생활 속 영어를 찾아라!　　05-6

악기

서양에서 온 악기 이름은 대부분 영어 이름을 그대로 갖다 씁니다.
다만 우리가 아는 것과 발음이 달라 주의해야 하는 단어가 많지요.
발음에 주의하면서 대표적인 악기 이름을 알아봅시다.

piano
피애노우
피아노

guitar
기타
기타

violin
봐이얼린
바이올린

drum
드럼
북, 드럼

xylophone
자일러포운
실로폰

trumpet
트럼핏
트럼펫

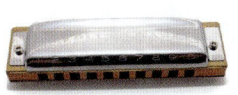
harmonica
하마니커
하모니카

saxophone
쌕써포운
색소폰

harp
하프
하프

● 다음 대화를 듣고 따라 말해 보세요. 06-1

미션 **What** sport **do you like**?
　　　왓　　스포트　두　유　라익

토니 I like soccer.
　　　아이 라익　싸커

미션 Why do you like it?
　　　와이　두　유　라익　잇

토니 **It's so** exciting.
　　　잇쓰　쏘우　익싸이팅

패턴 11 What + 명사 + do you like?
어떤 ~를 좋아해요?

What[왓] + 명사 + do you like[두 유 라익]?은 '어떤 ~를 좋아해요'라는 뜻입니다. 명사 자리에 sport[스포트]처럼 여러 가지 종류가 있는 명사를 넣어 물어보면 됩니다. 딱 집어서 어떤 것을 좋아하냐고 물을 때는 sport[스포트]처럼 단수형으로 쓰지만, 좋아하는 여러 가지를 물을 때는 sports[스포츠]처럼 복수형으로 쓸 수도 있습니다.

패턴 11 어떤 스포츠를 좋아해요?

패턴 12 매우 흥미진진해요.

○ 축구, 야구, 농구 등 스포츠의 종류는 정말 다양합니다.
내가 좋아하는 스포츠를 말해 보고 그 이유가 뭔지도 설명해 봅시다.

미선   어떤 스포츠를 좋아해요?

토니   축구를 좋아해요.

미선   왜 좋아하세요?

토니   매우 흥미진진해요.

새로 나온 단어

soccer [싸커] 축구
why [와이] 왜
it [잇] 그것
so [쏘우] 매우, 너무나
exciting [익싸이팅] 흥미진진한, 신나는

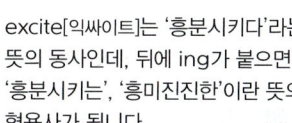

excite[익싸이트]는 '흥분시키다'라는 뜻의 동사인데, 뒤에 ing가 붙으면 '흥분시키는', '흥미진진한'이란 뜻의 형용사가 됩니다.

패턴 12 **It's so +** 형용사 **.**

매우 ~해요.

It's so[잇쓰 쏘우]＋형용사.는 '매우 ~해요'라는 뜻입니다. 부사 so[쏘우]는 '매우, 너무나'라는 뜻으로 바로 뒤에 나오는 형용사를 강조하는 역할을 합니다. 참고로, 부정적으로 이야기하고 싶을 때는 too[투: 너무]를 써서 It's too[잇쓰 투]＋형용사.로 말합니다. '너무 ~해요'라는 뜻이지요.

패턴 11 연습하기 — 어떤 ~를 좋아해요?

● 빈칸에 아래 단어를 넣어 말해 보세요. 06-2

What ☐ do you like?
어떤 ☐ 를 좋아해요?

animal 애니멀 동물 	**music** 뮤직 음악 	**books**[1] 북쓰 책들 
coffee 커퓌 커피 	**food** 푸드 음식 	**outdoor activities**[2] 아웃도어 액티버티즈 야외 활동, 실외 활동

---

1 books 대표적인 책 종류를 살펴보면 novel[나벌: 소설], poetry[포이트리: 시], non-fiction[난픽션: 비소설, 논픽션], biography[바이아그러피: 전기, 일대기], comic book[카믹 북: 만화책] 등이 있습니다.

2 outdoor activities out[아웃: 밖으로]와 door[도어: 문]을 합친 outdoor[아웃도어]는 '야외의'란 뜻이고, activity[액티버티]는 '활동'이란 뜻입니다. 따라서 outdoor activities[아웃도어 액티버티즈]는 '야외 활동, 실외 활동'을 뜻하지요.

패턴 12 연습하기

매우 ~해요.

● 빈칸에 아래 단어를 넣어 말해 보세요. 🎧 06-3

It's so ☐.
매우 ☐ 해요.

fun 펀 즐거운, 유쾌한 	**easy** 이지 쉬운	**difficult** 디피컬트 어려운 
beautiful 뷰티풀 아름다운 	**interesting**[1] 인터레스팅 흥미로운 	**boring**[1] 보어링 지루한 

1 interesting/boring 동사 interest[인터레스트]는 '~의 흥미를 불러일으키다', bore[보어]는 '~를 지루하게 만들다'란 뜻인데요, ing를 붙이면 interesting[인터레스팅: 흥미로운], boring[보어링: 지루한]처럼 형용사가 됩니다. 대신 ed를 붙이면 interested[인터레스티드: 흥미 있어 하는], bored[보어드: 지루해 하는]처럼 뜻이 달라지죠. 예를 들어 I'm boring.[아임 보어링]은 '난 지루한 사람이에요', I'm bored.[아임 보어드]는 '나는 지루해요'라는 뜻이 됩니다.

대화하기 내가 좋아하는 스포츠

○ 다음 대화를 듣고 따라 말해 보세요. 06-4

야구를 좋아하는 수호가 제인은 어떤 스포츠를 좋아하는지 궁금해서 말을 꺼냅니다.

수호 **Jane, do you like sports?**
쥐인 두 유 라익 스포츠

제인 **Yes, I do.**
예쓰 아이 두

수호 **What sport do you like?**
왓 스포트 두 유 라익

제인 **I like tennis.**
아이 라익 테니쓰

수호 **Why do you like it?**
와이 두 유 라익 잇

제인 **It's so exciting. Do you like tennis?**
잇쓰 쏘우 익싸이팅 두 유 라익 테니쓰

수호 **Well, not really. It's so boring.**
웰 낫 리얼리 잇쓰 쏘우 보어링

제인 **That's too bad.**
댓쓰 투 배드

수호	제인, 스포츠 좋아해요?
제인	네, 좋아해요.
수호	**어떤 스포츠를 좋아해요?**
제인	테니스를 좋아해요.
수호	왜 좋아하세요?
제인	**매우 흥미진진해요.** 테니스 좋아해요?
수호	글쎄요, 그렇지는 않아요. **매우 지루하거든요.**
제인	유감이네요.

확인하기 06 스포츠

정답 228쪽

A 빈칸에 들어갈 알맞은 단어를 보기에서 찾아 쓰세요. (문장의 첫 글자는 대문자로 쓰세요.)

| 보기 | why | sport | exciting | like |

① 어떤 스포츠를 좋아해요?
What [sport] do you [like]?

② 왜 좋아하세요?
[Why] do you like it?

③ 매우 흥미진진해요.
It's so [exciting].

B 보기에서 알맞은 표현을 찾아 다음 문장을 완성하세요.

| 보기 | outdoor activities　interesting
　　　　beautiful　　　　　music |

① 어떤 음악을 좋아해요?
What [music] do you like?

② 어떤 야외 활동을 좋아해요?
What [outdoor activities] do you like?

③ 매우 흥미로워요.
It's so [interesting].

④ 매우 아름다워요.
It's so [beautiful].

69

더 말해보기 축구를 하는 걸 좋아해요?

○ 다음 문장을 듣고 따라 말해 보세요. 🎧 06-5

스포츠와 관련된 질문하기

Do you like playing soccer? 축구를 하는 걸 좋아해요?
두 유 라익 플레잉 싸커

Do you know how to play tennis? 테니스 칠 줄 알아요?
두 유 노우 하우 투 플레이 테니쓰

Who's your favorite baseball player?
후즈 유어 페이버릿 베이쓰벌 플레이어
가장 좋아하는 야구 선수는 누구예요?

↳ **My favorite baseball player is Choo Shinsoo.**
마이 페이버릿 베이쓰벌 플레이어 이즈 추 신수
가장 좋아하는 야구 선수는 추신수예요.

내가 좋아하는 스포츠 말하기

I love basketball. 농구를 정말 좋아해요.
아이 러브 배쓰킷벌

I love skiing. 스키 타는 것을 정말 좋아해요.
아이 러브 스키잉

■ 동사 love는 '사랑하다'란 뜻도 있지만 like처럼 '좋아하다'라는 뜻도 있어요. 하지만 의미가 한층 더 강해 '정말 좋아하다'란 의미로 사용됩니다. 뒤에 동사ing가 오면 '~하는 것을 정말 좋아하다'라는 의미가 됩니다.

My favorite sport is baseball. 내가 가장 좋아하는 스포츠는 야구예요.
마이 페이버릿 스포트 이즈 베이쓰벌

I like watching sports. 나는 스포츠 관람하는 것을 좋아해요.
아이 라익 와칭 스포츠

I like playing team sports. 팀으로 하는 운동을 하는 걸 좋아해요.
아이 라익 플레잉 팀 스포츠

생활 속 영어를 찾아라!

스포츠

건강을 위해, 또 재미를 위해 스포츠를 즐기는 사람들이 많이 있습니다.
우리가 자주 즐겨 하는 스포츠 이름을 알아볼까요?

basketball
배쓰킷벌
농구

baseball
베이쓰벌
야구

soccer
싸커
축구

badminton
배드민튼
배드민턴

tennis
테니쓰
테니스

table tennis
테이블 테니쓰
탁구

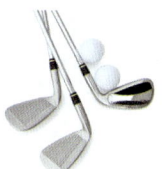
golf
갈프
골프

boxing
박씽
권투

bowling
보울링
볼링

영화
Movies

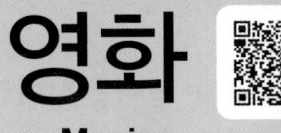

● 다음 대화를 듣고 따라 말해 보세요. 🎧 07-1

제인 **How often do you** watch movies?
하우 어픈 두 유 와취 무비즈

수호 Once a week.
원쓰 어 웍

제인 **Who's your favorite** movie star?
후즈 유어 페이버릿 무비 스타

수호 My favorite movie star is Tom Cruise.
마이 페이버릿 무비 스타 이즈 탐 크루즈

패턴 13 **How often do you +** 동사 **?**

얼마나 자주 ~해요?

How often do you[하우 어픈 두 유] + 동사?는 '얼마나 자주 ~해요?'라는 뜻입니다. 상대방에게 평소에 어떤 일을 하는 빈도를 물어볼 때 사용하는 패턴이지요. 여기서 how[하우]는 '어떻게'란 뜻이 아니라 '얼마나'란 뜻으로, 부사 often[어픈: 자주]을 꾸며 주는 역할을 합니다. How often[하우 어픈]을 통째로 '얼마나 자주'라는 뜻으로 외워 두세요.

| 패턴 13 | 얼마나 자주 영화 봐요?
| 패턴 14 | 가장 좋아하는 영화배우는 누구예요?

○ 영화 감상은 많은 사람들이 즐기는 취미 활동입니다.
얼마나 자주 영화를 보는지, 가장 좋아하는 영화배우는 누군지 얘기해 봅시다.

제인 얼마나 자주 영화 봐요?

수호 일주일에 한 번이요.

제인 가장 좋아하는 영화배우는
누구예요?

수호 가장 좋아하는 영화배우는
톰 크루즈예요.

새로 나온 단어

how [하우] 얼마나, 어떻게
often [어픈] 자주
movie [무비] 영화
once [원쓰] 한 번, 1회
week [웍] 일주일
who [후] 누구
favorite [페이버릿] 가장 좋아하는
movie star [무비 스타] 영화배우
my [마이] 나의

| 패턴 14 | **Who's your favorite +** 사람 명사 **?**
가장 좋아하는 ~는 누구예요?

'누구'라는 뜻의 의문사 who[후]와 '가장 좋아하는'이란 뜻의 형용사 favorite[페이버릿]을 활용해서 Who's your favorite[후즈 유어 페이버릿] + 사람 명사?로 물으면 '가장 좋아하는 ~는 누구예요?'라는 의미가 됩니다. 여기서 Who's[후즈]는 Who is[후 이즈]의 줄임말입니다. 이에 대한 대답은 My favorite[마이 페이버릿] + 사람 명사 + is[이즈] + 사람 이름.으로 하세요.

패턴 13 연습하기 얼마나 자주 ~해요?

○ 빈칸에 아래 단어를 넣어 말해 보세요. 07-2

How often do you ⬜ ?
얼마나 자주 ⬜ 해요?

travel overseas[1]
트래블 오우버씨즈
해외 여행하다

watch TV
와취 티비
텔레비전을 보다

buy books
바이 북쓰
책을 구입하다

go to the theater[2]
고우 투 더 띠어터
극장에 가다

1 travel overseas overseas[오우버씨즈]는 '해외로, 외국으로'라는 뜻의 부사로 동사 travel[트래블: 여행하다]을 꾸며 주는 역할을 합니다. 바다(sea)를 건너는(over) 거라고 생각하면 '해외로'라는 뜻을 이해하기 쉽지요.

2 go to the theater go to the[고우 투 더] 뒤에 theater[띠어터: 극장] 같은 장소 명사를 넣으면 '~로 가다'라는 뜻이 됩니다. go to the library[고우 투 더 라이브러리] 는 '도서관에 가다', go to the gym[고우 투 더 쥠]은 '헬스장에 가다'란 뜻이 되지요.

패턴 14 연습하기

가장 좋아하는 ~는 누구예요?

● 빈칸에 아래 단어를 넣어 말해 보세요. 🎧 07-3

Who's your favorite ☐ ?
가장 좋아하는 ☐ 는 누구예요?

actor 액터 남자배우 	**actress** 액트리쓰 여자배우 	**comedian**[1] 커미디언 코미디언, 개그맨 
artist 아티쓰트 화가, 예술가 	**author** 어떠 작가 	**movie director**[2] 무비 디렉터 영화감독

1 comedian 한국에서는 '코미디언'을 '개그맨'이라고도 하는데요, 영어단어 gagman[개그맨]은 사전에 실려 있는 경우도 있지만 지금은 원어민도 잘 안 쓰는 옛날 말입니다. 여자 코미디언을 지칭하는 '개그우먼' 역시 잘못된 표현이죠.

2 movie director director[디렉터]는 '책임자, 관리자'란 뜻인데, 영화나 연극의 '감독, 연출자'를 뜻하기도 합니다. 따라서 movie director[무비 디렉터]는 영화 촬영 내내 모든 것을 총괄하는 '영화감독'을 말하지요.

대화하기 즐거운 영화 삼매경

● 다음 대화를 듣고 따라 말해 보세요. 🎧 07-4

영화 감상이 취미인 미선에게 토니가 영화에 대한 질문을 던집니다.

토니 **What did you do last night?**
왓 디드 유 두 래쓰트 나잇
last night 어젯밤

미선 **I watched a movie.**
아이 와취드 어 무비
watched 봤다 (watch의 과거형)

토니 **Do you like watching movies?**
두 유 라익 와칭 무비즈

미선 **Yes, I do. It's my favorite thing.**
예쓰 아이 두 잇쓰 마이 페이버릿 띵
thing 것, 일

토니 **How often do you watch movies?**
하우 어픈 두 유 와취 무비즈

미선 **Twice a week.**
투와이쓰 어 윅
twice 두 번

토니 **Who's your favorite movie star?**
후즈 유어 페이버릿 무비 스타

미선 **My favorite movie star is Julia Roberts.**
마이 페이버릿 무비 스타 이즈 줄리아 라버츠

토니	어젯밤에 뭐했어요?
미선	영화 봤어요.
토니	영화 보는 걸 좋아해요?
미선	네. 가장 좋아하는 일이에요.
토니	**얼마나 자주 영화 봐요?**
미선	일주일에 두 번이요.
토니	**가장 좋아하는 영화배우는 누구예요?**
미선	가장 좋아하는 영화배우는 줄리아 로버츠예요.

확인하기 07 영화

정답 228쪽

A 빈칸에 들어갈 알맞은 단어를 보기에서 찾아 쓰세요. (문장의 첫 글자는 대문자로 쓰세요.)

보기	once	star	favorite	often

① 얼마나 자주 영화 봐요?
How [_____] do you watch movies?

② 일주일에 한 번이요.
[_____] a week.

③ 가장 좋아하는 영화배우는 톰 크루즈예요.
My [_____] movie [_____] is Tom Cruise.

B 보기에서 알맞은 표현을 찾아 다음 문장을 완성하세요.

보기	buy books	actress
	movie director	go to the theater

① 얼마나 자주 극장에 가요?
How often do you [_____]?

② 얼마나 자주 책을 구입해요?
How often do you [_____]?

③ 가장 좋아하는 여자배우는 누구예요?
Who's your favorite [_____]?

④ 가장 좋아하는 영화감독은 누구예요?
Who's your favorite [_____]?

77

더 말해보기: 가장 좋아하는 영화가 뭐예요?

○ 다음 문장을 듣고 따라 말해 보세요. 🎧 07-5

내가 좋아하는 영화 말하기

What's your favorite movie? 가장 좋아하는 영화가 뭐예요?
왓쓰 유어 페이버릿 무비

↳ **My favorite movie is *Jaws*.** 내가 가장 좋아하는 영화는 『죠스』예요.
   마이 페이버릿 무비 이즈 죠스

■ 의문사 What(무엇)을 써서 What's your favorite + 사물 명사?로 가장 좋아하는 사물이 무엇인지 물어볼 수 있습니다.

What kinds of movies do you like? 어떤 종류의 영화를 좋아해요?
왓 카인즈 어브 무비즈 두 유 라익

↳ **I like action[horror/adventure] movies.** 액션[공포/모험] 영화를 좋아해요.
   아이 라익 액션 호러 어드벤춰 무비즈

영화 보러 가자고 제안하기

Let's go to the movies. 영화 보러 갑시다.
렛쓰 고우 투 더 무비즈

How about watching a movie together?
하우 어바웃 와칭 어 무비 투게더
함께 영화 보는 게 어때요?

Would you like to see a movie with me?
우드 유 라익 투 씨 어 무비 위드 미
나랑 같이 영화 보시겠어요?

Why don't we catch a movie tonight?
와이 도운트 위 캐취 어 무비 투나잇
오늘 밤에 영화 보러 가는 거 어때요?

■ catch a movie는 '영화 보러 가다'란 뜻으로, 회화에서 많이 쓰는 표현입니다.

생활 속 콩글리시를 찾아라!

🎧 07-6

문구

공부할 때 샤프나 볼펜 등 다양한 문구를 많이 사용하실 텐데요.
평소에 우리가 자주 쓰는 문구 이름 중에는 콩글리시가 굳어진 말이 많이 있습니다.
실제 영어로는 어떻게 쓰는지 알아봅시다.

볼펜 ➡ ballpoint pen [벌포인트 펜]

필기할 때 많이 쓰는 볼펜을 원어민들은 ball pen이라고 하지 않고 ballpoint pen[벌포인트 펜]이라고 합니다. 간단하게 ballpoint[벌포인트]라고도 해요. ball은 '공'을 뜻하고 point는 '(사물의 뾰족한) 끝'을 뜻하는데, 볼펜 끝에 있는 작고 둥근 금속 공을 통해 잉크가 나오기 때문에 이런 이름이 붙었습니다.

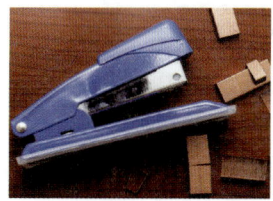

호치키스 ➡ stapler [스테이플러]

종이에 철심을 박는 도구인 호치키스는 stapler[스테이플러]가 맞는 영어표현입니다. 원래 Hotchkiss[하취키스]는 stapler를 만든 회사 이름입니다. 그것이 제품 이름인 것처럼 잘못 알려진 것이지요.

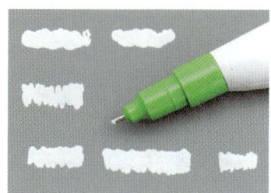

화이트 ➡ whiteout [와잇아웃]

펜으로 잘못 쓴 것을 지울 때 화이트를 사용하죠? 하지만 white[와잇]이라고 하면 원어민들은 '하얀색'이란 뜻으로만 이해합니다. 영어로는 화이트의 대표적인 제품명인 whiteout[와잇아웃]이라고 주로 표현하지요. 또는 '수정액'이란 뜻의 correction fluid[커렉션 플루이드]라고도 하는데, correction[커렉션]이 '수정'이고 fluid[플루이드]는 '액체'를 뜻합니다.

08 특기
Specialty

🎧 다음 대화를 듣고 따라 말해 보세요. 08-1

토니 Misun, can you drive?
미선   캔 유 드라이브

미선 Yes, I can.
예쓰   아이 캔

토니 **Are you a good** driver?
아 유 어 굿   드라이버

미선 Yes, I am. **I'm good at** driving.
예쓰 아이 앰 아임 굿 앳 드라이빙

패턴 15 **Are you a good +** 사람 명사 **?**
당신은 ~를 잘해요?

상대방이 잘하는 일이 무엇인지 알고 싶을 때 사용하는 패턴이 Are you a good[아 유 어 굿] + 사람 명사?입니다. 명사 자리에는 '~하는 사람'을 나타내는 단어가 들어가는데, 여기서 good[굿]은 '좋은'이 아니라 '잘하는'이란 뜻입니다. 직역하면 '당신은 잘하는 ~인가요?'란 뜻인데, 실제 의미는 '당신은 ~를 잘해요?'가 되지요.

패턴 15 **운전을 잘해요?**

패턴 16 **난 운전을 잘해요.**

○ 누구나 자신 있게 할 수 있는 일 하나씩은 가지고 있죠.
상대방이 잘하는 일을 물어보고 자신이 잘하는 게 뭔지도 말해 봅시다.

토니 미션, 운전할 수 있어요?

미션 네, 할 수 있어요.

토니 운전을 잘해요?

미션 네. 난 운전을 잘해요.

새로 나온 단어

can [캔] ~할 수 있다
drive [드라이브] 운전하다
good [굿] 잘하는, 좋은
driver [드라이버] 운전자
good at [굿 앳]
~를 잘하는, ~에 능숙한

'~할 수 있다'라는 뜻의 can은 동사에 뜻을 더하는 역할을 하는 조동사입니다. I can drive.(나는 운전할 수 있어요) 처럼 동사 앞에 오는데, 의문문에서는 주어 앞에 오지요.

패턴 16 **I'm good at +** 명사 / 동사**ing** .

난 ~를 잘해요.

I'm good at[아임 굿 앳] + 명사/동사ing.는 '난 ~를 잘해요', '난 ~에 능숙해요'라는 뜻으로, 자신의 특기를 표현할 때 쓰는 패턴입니다. 전치사 at[앳] 다음에는 목적어로 soccer[싸커: 축구] 같은 명사가 올 수도 있고, driving[드라이빙: 운전하기]처럼 동사 뒤에 ing가 붙은 형태인 동명사가 올 수도 있습니다.

패턴 15 연습하기
당신은 ~를 잘해요?

○ 빈칸에 아래 단어를 넣어 말해 보세요. 🎧 08-2

Are you a good ☐ ?
당신은 ☐ 를 잘해요?

swimmer
스위머
수영하는 사람

cook[1]
쿡
요리하는 사람

dancer
댄써
춤추는 사람

singer
씽어
노래하는 사람

skier
스키어
스키 타는 사람

soccer player
싸커 플레이어
축구 하는 사람

■ **동사 + er** 동사에 er을 붙여 '~하는 사람'을 나타낼 수 있습니다. 위의 단어들도 swim[스윔: 수영하다], sing[씽: 노래하다], dance[댄쓰: 춤추다], ski[스키: 스키 타다], play[플레이: (스포츠를) 하다]에 er을 붙여 '~하는 사람'이란 뜻이 되었죠.

1 cook cook[쿡]은 직업으로서의 '요리사'를 뜻하기도 하지만 '요리하는 사람'이라는 뜻도 됩니다. 따라서 good cook[굿 쿡]은 '좋은 요리사'가 아니라 '요리 잘하는 사람'이란 뜻이 되지요.

패턴 16 연습하기 : 난 ~를 잘해요.

○ 빈칸에 아래 단어를 넣어 말해 보세요. 08-3

I'm good at ☐.
난 ☐를 잘해요.

soccer
싸커
축구

talking
터킹
말하기

playing the piano[1]
플레잉 더 피애노우
피아노 연주하기

drawing pictures[2]
드로잉 픽쳐즈
그림 그리기

[1] **playing the piano** play[플레이]는 '(스포츠를) 하다'라는 뜻 외에도 '(악기를) 연주하다'란 뜻이 있습니다. 이때 악기 앞에는 반드시 the[더]를 붙이지요. 따라서 play the piano[플레이 더 피애노우]는 '피아노를 연주하다'란 뜻입니다.

[2] **drawing pictures** 동사 draw[드로우]는 '(연필, 펜 등으로) 그리다'란 뜻이고, picture[픽쳐]는 '그림, 사진'이란 뜻입니다. 그래서 '그림 그리기'는 drawing pictures[드로잉 픽쳐즈], '사진 찍기'는 taking pictures[테이킹 픽쳐즈]라고 하지요.

대화하기 잘하는 일은 제각각

○ 다음 대화를 듣고 따라 말해 보세요. 🎧 08-4

제인과 수호는 서로의 특기에 대해 자연스럽게 대화를 나눕니다.

제인 Suho, can you swim?
수호 캔 유 스윔

수호 Yes, I can.
예쓰 아이 캔

swim 수영하다

제인 **Are you a good swimmer?**
아 유 어 굿 스위머

수호 Yes, I am. **I'm good at swimming.**
예쓰 아이 앰 아임 굿 앳 스위밍

제인 Oh, I didn't know that.
오우 아이 디든트 노우 댓

know 알다

수호 What about you?
왓 어바웃 유

제인 Honestly, I'm not good at swimming.
아니쓰틀리 아임 낫 굿 앳 스위밍
But **I'm good at skiing.**
벗 아임 굿 앳 스키잉

honestly 솔직히 말하면

skiing 스키 타기

제인	수호, 수영할 수 있어요?
수호	네, 할 수 있어요.
제인	**수영 잘해요?**
수호	네. **난 수영 잘해요.**
제인	오, 몰랐네요.
수호	당신은요?
제인	솔직히 말하면, 난 수영은 잘 못해요. 하지만 **스키는 잘 타요.**

확인하기 08 특기

정답 228쪽

A 빈칸에 들어갈 알맞은 단어를 보기에서 찾아 쓰세요.

| 보기 | good | driving | drive | driver |

① 미선, 운전할 수 있어요?

   Misun, can you [drive]?

② 운전을 잘해요?

   Are you a [good] [driver]?

③ 난 운전을 잘해요.

   I'm good at [driving].

B 보기에서 알맞은 표현을 찾아 다음 문장을 완성하세요.

| 보기 | soccer | singer |
| | cook | drawing pictures |

① 당신은 노래 잘해요?

   Are you a good [singer]?

② 당신은 요리 잘해요?

   Are you a good [cook]?

③ 난 그림을 잘 그려요.

   I'm good at [drawing pictures].

④ 난 축구를 잘해요.

   I'm good at [soccer].

더 말해보기 난 말주변이 없어요.

◉ 다음 문장을 듣고 따라 말해 보세요. 🎧 08-5

잘 못하는 일 말하기

I'm poor at talking. 난 말주변이 없어요.
아임   푸어   앳   터킹

I'm terrible at names. 이름을 잘 기억 못해요.
아임   테러블   앳   네임즈

■ poor at은 '~가 서투른', terrible at은 '~가 형편없는'이라는 뜻입니다. 둘 다 잘 못하는 일을 언급할 때 쓰는 표현이에요. 뒤에는 명사와 동명사가 모두 올 수 있지요.

I'm not good at math. 난 수학 잘 못해요.
아임   낫   굿   앳   매뜨

I'm afraid of driving. 운전하는 게 두려워요.
아임   어프레이드   어브 드라이빙

I have two left feet. 나 몸치예요.
아이 해브   투   레프트 핏

■ 움직임이 서투르고 어설픈 것, 즉 '몸치다'를 have two left feet(두 개의 왼발을 가지고 있다)라고 표현합니다. 오른발과 왼발이 동시에 필요한 상황에서 왼발만 두 개 있으니 뭔가를 제대로 발휘할 수 없다는 의미지요.

잘하는 일 물어보기

What are you good at? 당신은 뭘 잘해요?
왓   아   유   굿   앳

↳ **I'm good at cooking.** 난 요리를 잘해요.
아임 굿   앳 쿠킹

Are you good at swimming? 수영 잘해요?
아   유   굿   앳   스위밍

■ Are you good at + 명사/동사ing? 패턴으로 상대방이 잘하는 일을 물어볼 수 있습니다.

생활 속 영어를 찾아라!

교통수단

버스부터 비행기까지 세상에는 아주 다양하고 편리한 교통수단이 있습니다.
평소에 우리가 자주 이용하는 교통수단을 영어로는 어떻게 쓰는지 알아봅시다.

bus
버쓰
버스

taxi
택씨
택시

car
카
자동차

subway
써브웨이
지하철

train
트레인
기차

ship
쉽
배

plane
플레인
비행기

truck
트럭
트럭

bicycle
바이시클
자전거

사람 소개하기
Introducing people

🎧 다음 대화를 듣고 따라 말해 보세요. 09-1

수호: Jane, **this is** my sister.
쮀인 디쓰 이즈 마이 씨쓰터

제인: Oh, really?
오우 리얼리

수호: **I want you to** meet her.
아이 원트 유 투 밋 허

제인: Hi. I'm Jane. Nice to meet you.
하이 아임 쮀인 나이쓰 투 밋 유

패턴 17 **This is +** 사람 명사 .

이 분은 ~예요. / 이 사람은 ~예요.

누군가를 소개하고자 할 때 This is[디쓰 이즈]+사람 명사.를 사용합니다. '이 분은 ~예요, 이 사람은 ~예요'라는 의미지요. 바로 사람 이름을 넣어도 되고 사람 명사 앞에 '나의'를 뜻하는 my[마이]를 넣어 말하기도 합니다. 물론 this[디쓰]에는 '이것'이란 뜻도 있으므로 사람 명사 대신 사물 명사를 넣으면 '이것은 ~예요'라는 뜻이 되지요.

| 패턴 17 | 이쪽은 제 여동생이에요.
| 패턴 18 | 당신이 그녀와 인사 나눴으면 해요.

○ 종종 다른 사람에게 내 친구나 가족을 소개할 일이 있습니다.
이때 사용할 수 있는 표현을 익혀 봅시다.

수호　제인, 이쪽은 제 여동생이에요.

제인　아, 정말요?

수호　당신이 그녀와 인사 나눴으면 해요.

제인　안녕하세요. 난 제인이에요. 만나서 반가워요.

새로 나온 단어

this [디쓰] 이 사람, 이 분
sister [씨쓰터] 여동생, 언니, 누나
really [리얼리] 정말로
want [원트] 원하다
her [허] 그녀를
nice [나이쓰] 기분 좋은

누군가를 소개할 때 자주 사용되는 동사가 meet입니다. 원래는 '만나다' 란 뜻이지만 '처음으로 만나다', '인사 나누다'란 뜻도 됩니다. 이때 동사 뒤에는 목적어로 사람이 나오죠.

| 패턴 18 | **I want you to + 동사 .**

당신이 ~했으면 해요.

타동사 want[원트: 원하다]는 like[라익: 좋아하다]처럼 뒤에 목적어로 명사뿐 아니라 동사도 올 수 있습니다. 하지만 동명사(동사ing)가 아니라 to부정사(to + 동사원형) 형태가 오지요. '~하고 싶어요'라고 내가 원하는 일을 말할 때는 I want to[아이 원트 투] + 동사.로 말하지만, '당신이 ~했으면 해요'라고 상대방이 뭔가 해 주기를 바랄 때는 I want you to[아이 원트 유 투] + 동사.로 중간에 상대방(you)을 넣어 표현합니다.

패턴 17 연습하기

이 분[사람]은 ~예요.

● 빈칸에 아래 단어를 넣어 말해 보세요. 🎧 09-2

This is ☐.
이 분[사람]은 ☐ 예요.

my friend 마이 프렌드 내 친구 	**my wife** 마이 와이프 내 아내 	**my son** 마이 썬 내 아들 
Mr. Brown[1] 미쓰터 브라운 브라운 씨 (남자) 	**Ms. Brown**[2] 미즈 브라운 브라운 씨 (여자) 	**Miss Kim**[2] 미쓰 킴 김 양 

1 Mr. Brown '누구누구 씨'라고 부를 때 '~씨'에 해당하는 호칭이 남자는 Mr.[미쓰터]입니다. 뒤에 성이나 전체 이름을 쓰지요. 그냥 이름만 쓰지는 않으니까 주의하세요.

2 Ms. Brown / Miss Kim 여자에게 '~씨'라고 할 때는 기혼여성은 Mrs.[미씨즈], 미혼여성은 Miss[미쓰]를 성이나 전체 이름 앞에 씁니다. 요즘은 결혼 유무와 상관없이 사용할 수 있는 Ms.[미즈]라는 호칭을 많이 씁니다.

패턴 18 연습하기

당신이 ~했으면 해요.

○ 빈칸에 아래 단어를 넣어 말해 보세요. 🎧 09-3

I want you to ☐.
당신이 ☐ 했으면 해요.

wash the dishes
와쉬 더 디쉬즈
설거지하다

stay here[1]
스테이 히어
여기에 머무르다

help me out[2]
헬프 미 아웃
나를 도와주다

be quiet
비 쿠와이엇
조용히 하다

1 stay here 파티나 모임에서 막 떠나려고 하는 사람에게 가지 말고 여기 있어 줬으면 좋겠다고 할 때 I want you to stay here.[아이 원트 유 투 스테이 히어]처럼 말합니다. 여기서 동사 stay[스테이]는 '(같은 장소에 계속) 머무르다'라는 의미지요.

2 help me out '나를 도와주다'의 뜻인 help me out[헬프 미 아웃]에서 out[아웃]은 강조의 의미로 사용된 말입니다. 특히 곤경에 처해 있는 사람을 도와줄 때 help out[헬프 아웃]이란 표현을 씁니다.

대화하기 우연한 만남에서 소개 받기

◉ 다음 대화를 듣고 따라 말해 보세요. 09-4

미선과 집 근처 마트에 간 수호와 제인이 우연히 마주쳐 인사를 나눕니다.

제인 **Hi, Suho.**
하이 수호

수호 **Hi, Jane. Good to see you.**　　　　　see (사람을 우연히) 만나다
하이 쩨인 굿 투 씨 유

제인 **Anyway, who is this lady?**　　　　　lady 숙녀, 부인
애니웨이 후 이즈 디쓰 레이디

수호 **This is my wife, Misun.**
디쓰 이즈 마이 와이프 미선

제인 **Oh, really?**
오우 리얼리

수호 **I want you to meet her.**
아이 원트 유 투 밋 허

제인 **Hi, Misun. I'm Jane. Nice to meet you.**
하이 미선 아임 쩨인 나이쓰 투 밋 유

미선 **Nice to meet you, too.**
나이쓰 투 밋 유 투

제인	안녕하세요, 수호.
수호	안녕하세요, 제인. 만나서 반가워요.
제인	그런데 이 분은 누구세요?
수호	**이쪽은 제 아내 미선이에요.**
제인	아, 정말이요?
수호	**당신이 그녀와 인사 나눴으면 해요.**
제인	안녕하세요, 미선. 난 제인이에요. 만나서 반가워요.
미선	저도 만나서 반가워요.

확인하기 09 사람 소개하기

정답 229쪽

A 빈칸에 들어갈 알맞은 단어를 보기에서 찾아 쓰세요. (문장의 첫 글자는 대문자로 쓰세요.)

> 보기   meet   sister   nice   want

① 제인, 이쪽은 제 여동생이에요.

Jane, this is my _____.

② 당신이 그녀와 인사 나눴으면 해요.

I _____ you to _____ her.

③ 만나서 반가워요.

_____ to meet you.

B 보기에서 알맞은 표현을 찾아 다음 문장을 완성하세요.

> 보기   Mr. Brown   stay here
>   help me out   my son

① 이쪽은 내 아들이에요.

This is _____.

② 이 분은 브라운 씨(남자)예요.

This is _____.

③ 여기에 머물러 줬으면 해요.

I want you to _____.

④ 날 도와줬으면 해요.

I want you to _____.

더 말해보기: 내 친구를 당신한테 소개할게요.

◯ 다음 문장을 듣고 따라 말해 보세요. 🎧 09-5

다른 사람 소개하기

Let me introduce my friend to you.
렛 미 인트러듀쓰 마이 프렌드 투 유
내 친구를 당신한테 소개할게요.

I'd like you to meet my friend. 내 친구랑 인사 나눴으면 합니다.
아이드 라익 유 투 밋 마이 프렌드

■ I'd[아이드]는 I would[아이 우드]의 줄임말입니다. would like to[우드 라익 투]는 '~하고 싶어요'란 뜻으로 want to[원트 투]와 비슷한 뜻인데, 좀 더 정중한 표현이지요.

Have you met my friend, Jane? 내 친구 제인을 만나본 적 있어요?
해브 유 멧 마이 프렌드 쮀인

This is my colleague, Sam. 이쪽은 제 동료 샘이에요.
디쓰 이즈 마이 칼리그 쌤

처음 만났을 때 하는 인사

It's nice to meet you. 만나서 반가워요.
잇쓰 나이쓰 투 밋 유

I'm glad[pleased] to meet you. 만나서 기뻐요.
아임 글래드 플리즈드 투 밋 유

■ It's와 I'm은 생략하고 Nice[Glad/Pleased] to meet you.라고만 말해도 됩니다.

I've heard a lot about you. 당신에 대해 얘기 많이 들었어요.
아이브 허드 어 랏 어바웃 유

Nice meeting you. 만나서 반가웠어요.
나이쓰 미팅 유

■ 누군가를 처음 만나서 인사를 나눈 후, 작별 인사를 할 때 쓸 수 있는 인사말입니다.

생활 속 콩글리시를 찾아라!

09-6

의류

현대 의복이 서양의 영향을 많이 받다 보니 옷 이름도 영어가 많습니다.
그러나 옷을 나타내는 단어 중에는 실제 영어와는 다른 것도 많이 있습니다.
외국 쇼핑몰에 가서 옷을 찾을 때 실수하지 않도록 올바른 표현을 알아볼까요?

원피스 ➡ dress [드레쓰]

위아래가 붙어 한 벌로 되어 있는 여성복을 원피스라고 하죠? piece[피쓰]는 '조각'이란 뜻인데 one-piece[원-피쓰]는 형용사로 '한 벌로 된'이란 뜻만 있어요. 영어로는 '원피스'를 dress[드레쓰]라고 합니다. 보통 드레스라고 하면 웨딩드레스나 이브닝드레스처럼 화려한 옷을 떠올리겠지만, 일상적으로 입는 원피스도 dress라고 한답니다.

와이셔츠 ➡ dress shirt [드레쓰 셔트]

정장 속에 받쳐 입는 하얀색 셔츠를 흔히 '와이셔츠'라고 부릅니다. '하얀 셔츠'를 뜻하는 white shirt[와잇 셔트]를 일본식으로 읽은 발음에서 온 말인데요, 정확한 영어 표현은 dress shirt[드레쓰 셔트]입니다. dress는 앞에 설명한 것처럼 '원피스'라는 뜻도 있지만 '의복, 옷'을 뜻하기도 해요.

바바리 코트 ➡ trench coat [트렌취 코웃]

쌀쌀한 날씨에 주로 입는 긴 외투를 흔히 바바리 코트라고 부르는데, 올바른 영어 표현은 trench coat[트렌취 코웃]입니다. 여기서 trench[트렌취]는 '참호, 도랑'을 뜻하는데, 제1차 세계 대전 때 입은 전투용 외투에서 유래한 옷이라 이런 이름이 붙었습니다. Burberry[버베리]는 이 옷을 처음으로 생산한 영국의 회사 이름으로, 옷을 뜻하는 단어는 아니랍니다.

10 정중한 부탁
Polite request

🔊 다음 대화를 듣고 따라 말해 보세요. 🎧 10-1

토니 **Misun, are you thirsty?**
미선 아 유 떠쓰티

미선 **Yes, can I have some water?**
예쓰 캔 아이 해브 썸 워터

토니 **Of course. Please wait a moment.**
어브 코쓰 플리즈 웨잇 어 모우먼트

미선 **Okay.**
오우케이

패턴 19 Can I have + 명사 ?
~를 주시겠어요?

자신이 필요한 것을 상대방에게 부탁할 때 공손하게 말하는 표현으로 Can I have[캔 아이 해브] + 명사?를 씁니다. 직역하면 '내가 ~를 가질 수 있을까요?'지만 자연스럽게 의역하면 '~를 주시겠어요?'라는 뜻입니다. 나에게 필요한 것을 명사 자리에 넣어 말하면 되지요.

패턴 19 | 물 좀 주시겠어요?
패턴 20 | 잠깐만 기다려 주세요.

● 상대방에게 내가 필요한 것을 부탁해야 할 때가 있습니다.
이때 상대방의 기분이 상하지 않게 정중하고 예의 바르게 부탁하는 표현을 배워 봅시다.

토니 미선, 목말라요?

미선 네, 물 좀 주시겠어요?

토니 물론이죠. 잠깐만 기다려 주세요.

미선 알겠어요.

새로 나온 단어

thirsty [떠쓰티] 목마른
have [해브] 가지다
some [썸] 조금의, 약간의
water [워터] 물
wait [웨잇] 기다리다
moment [모우먼트] 잠깐, 잠시
okay [오우케이] 네, 좋아요

상대방에게 잠깐 기다려 달라고 할 때 간단하게 One moment, please. 라고 말하기도 합니다. '잠깐만요'란 뜻이죠.

패턴 20 | **Please +** 동사 **.**
～해 주세요.

상대방에게 정중하게 뭔가를 해 달라고 부탁할 때 가장 쉽게 사용할 수 있는 패턴이 바로 Please[플리즈] + 동사.입니다. 동사로 문장을 시작하면 '～해라'라는 뜻의 명령문이 되지만 please[플리즈]를 동사 앞에 넣어 말하면 '～해 주세요'라는 정중한 표현이 됩니다. 동사 앞 대신 문장 맨 끝에 please를 덧붙여도 정중한 표현이 되지요.

패턴 19 연습하기 ~를 주시겠어요?

● 빈칸에 아래 단어를 넣어 말해 보세요. 🎧 10-2

Can I have ⬜?
⬜를 주시겠어요?

some coffee
썸 커퓌
커피 좀

your name[1]
유어 네임
당신의 성함

something to drink[2]
썸띵 투 드링크
마실 것

a receipt
어 리씻
영수증

1 your name 상대방의 이름이 궁금할 때 Can I have your name?[캔 아이 해브 유어 네임]이라고 물어보면 '성함 좀 주시겠어요?', 즉 '성함 좀 알려주시겠어요?'라는 뜻의 정중한 표현이 됩니다.

2 something to drink 동사 drink[드링크]는 '마시다'란 뜻인데요, to부정사 (to + 동사원형)인 to drink[투 드링크]는 대명사 something[썸띵: 어떤 것]을 뒤에서 꾸며 주는 형용사 역할을 합니다. 그래서 '마실 것'이란 뜻이 되지요.

패턴 20 연습하기

～해 주세요.

○ 빈칸에 아래 단어를 넣어 말해 보세요. 🎧 10-3

Please ☐.
☐ 해 주세요.

have a seat[1]
해브 어 씻
자리에 앉다

introduce yourself
인트러듀쓰 유어쎌프
자기소개를 하다

come in
컴 인
들어오다

calm down[2]
캄 다운
진정하다

1 have a seat seat[씻]은 동사로는 '앉히다', 명사로는 '자리, 좌석'을 뜻하는 단어입니다. have a seat[해브 어 씻]은 '자리를 갖다', 다시 말해 '자리에 앉다'라는 뜻이 됩니다. take a seat[테익 어 씻], be seated[비 씨티드]도 유사한 표현이지요.

2 calm down calm down[캄 다운]은 '(사람이) 진정하다'란 뜻인데요, 마음이 불안해서 어쩔 줄 모르는 상대방을 진정시키고자 할 때 Please calm down.[플리즈 캄 다운]이라고 말합니다. '진정해 주세요'란 의미지요.

대화하기 마실 물 부탁하기

🔵 다음 대화를 듣고 따라 말해 보세요. 🎧 10-4

더운 야외에 있다 들어온 토니가 목이 말라 제인에게 마실 것을 부탁하려고 합니다.

제인 **Hey, Tony! What's wrong?**
　　　헤이　토우니　왓쓰　렁
　　　　　　　　　　　　　　　　　　　　　　　wrong 잘못된, 틀린

토니 **I'm so thirsty. Can I have something to drink?**
　　　아임　쏘우　떠쓰티　캔　아이 해브　썸띵　투　드링크

제인 **Sure. What do you want to drink?**
　　　셔　왓　두 유　원트　투　드링크

토니 **Can I have some water?**
　　　캔　아이 해브　썸　워터

제인 **No problem. Please wait a moment.**
　　　노우　프라블럼　플리즈　웨잇　어 모우먼트

토니 **Okay.**
　　　오우케이

제인 **Here you are.**
　　　히어　유　아

토니 **Thanks.**
　　　땡쓰

제인	이봐요, 토니! 무슨 일이에요?
토니	목이 너무 말라서요. **마실 것 좀 주시겠어요?**
제인	알았어요. 뭐 마시고 싶어요?
토니	**물 좀 주시겠어요?**
제인	물론이죠. **잠깐만 기다려 주세요.**
토니	알겠어요.
제인	여기 있어요.
토니	고마워요.

확인하기 10 정중한 부탁

정답 229쪽

A 빈칸에 들어갈 알맞은 단어를 보기에서 찾아 쓰세요.

| 보기 | have | thirsty | wait | water |

① 미선, 목말라요?

Misun, are you ☐ ?

② 네, 물 좀 주시겠어요?

Yes, can I ☐ some ☐ ?

③ 잠깐만 기다려 주세요.

Please ☐ a moment.

B 보기에서 알맞은 표현을 찾아 다음 문장을 완성하세요.

| 보기 | something to drink | calm down |
| | have a seat | a receipt |

① 영수증을 주시겠어요?

Can I have ☐ ?

② 마실 것 좀 주시겠어요?

Can I have ☐ ?

③ 자리에 앉아 주세요.

Please ☐ .

④ 진정해 주세요.

Please ☐ .

더 말해보기 물 좀 주세요.

○ 다음 문장을 듣고 따라 말해 보세요. 🎧 10-5

물을 달라고 부탁하기

Can I get some water, please? 물 좀 주시겠어요?
캔   아이 겟 썸   워터   플리즈

Can you get me some water, please? 물 좀 주시겠어요?
캔   유   겟 미 썸   워터   플리즈

■ 동사 get은 '~을 얻다, 받다'라는 뜻과 함께 '(식사, 음료를) 준비하다, 차리다'란 뜻을 갖고 있어요. 그래서 Can I get + 음료, please? 또는 Can you get me + 음료, please?로 물어보면 음료를 달라는 공손한 표현이 됩니다.

I'd like some water. 물 좀 주세요.
아이드 라익 썸   워터

Water, please. 물 주세요.
워터   플리즈

■ 간단하게 내가 원하는 것 다음에 please만 붙여서 말해도 그것을 달라는 뜻이 됩니다. 식당에 가서도 제일 많이 쓰는 표현이니 꼭 외워 두세요.

상대방에게 도움 제안하기

What can I do for you? 뭘 도와 드릴까요?
왓   캔 아이 두 포 유

What can I help you with? 뭘 도와 드릴까요?
왓   캔 아이 헬프 유 위드

What do you want me to do? 내가 뭘 하면 좋겠어요?
왓   두 유 원트 미 투 두

Can I help you? 도와드릴까요?
캔   아이 헬프 유

생활 속 영어를 찾아라! 🎧 10-6

음료

하루에 몇 잔씩, 밥보다도 자주 먹는 것이 음료입니다.
요즘은 그 종류도 엄청나게 다양하지요.
여기서는 기본적인 음료의 종류를 알아봅시다.

coffee
커퓌
커피

iced coffee
아이쓰트 커퓌
냉커피

tea
티
차

Coke
코욱
콜라

Sprite
스프라잇
사이다

milk
밀크
우유

juice
주쓰
주스

wine
와인
포도주, 와인

beer
비어
맥주

11 전화 통화
Using the phone

○ 다음 대화를 듣고 따라 말해 보세요. 🎧 11-1

제인 **Hello.**
헬로우

수호 **Hello. Can I speak to Jane, please?**
헬로우   캔   아이 스픽   투   줴인   플리즈

제인 **Speaking. Who's calling?**
스피킹   후즈   컬링

수호 **This is Suho. I'm calling to ask for your help.**
디쓰 이즈 수호   암   컬링   투 애쓰크 포
유어   헬프

패턴 21 Can I speak to + 사람 명사 , please?
~와 통화할 수 있을까요?

전화를 걸어 통화하고 싶은 사람을 바꿔 달라고 할 때에는 Can I speak to[캔 아이 스픽 투]+ 명사, please?[플리즈]라고 말합니다. '~와 통화할 수 있을까요?'란 뜻이죠. Can I[캔 아이]+동사?는 '~할 수 있을까요?'란 뜻으로, 뭔가 허락받고자 할 때 쓸 수 있는 표현입니다. 뒤에 please[플리즈]를 덧붙이면 한층 더 정중하게 부탁하는 표현이 되지요.

패턴 21 **제인과 통화할 수 있을까요?**

패턴 22 **도움을 요청하려고 전화했어요.**

○ 전화로 이야기할 때는 상대방이 눈앞에 없기 때문에 정확한 표현이 더욱 중요합니다. 전화상에서 유용하게 사용할 수 있는 패턴과 표현을 배워 봅시다.

제인　여보세요.

수호　여보세요. 제인과 통화할 수 있을까요?

제인　전데요. 누구시죠?

수호　수호예요. 도움을 요청하려고 전화했어요.

새로 나온 단어

hello [헬로우]
(전화 받을 때) 여보세요

speak to [스픽 투]
~와 말하다

who [후] 누구

call [콜] 전화하다

ask for [애쓰크 포]
~를 요청하다

help [헬프] 도움

please는 마법의 단어(magic word)라고들 합니다. 뭔가 부탁이 있을 때 please를 덧붙여서 말하면 거의 들어주게 되어 있거든요.

패턴 22 **I'm calling to + 동사 .**
~하려고 전화했어요.

전화를 건 사람이 전화한 목적과 이유를 말할 때 쓸 수 있는 패턴입니다. 동사 call[콜]은 '전화하다'라는 뜻인데, 'be동사 + 동사ing' 형태로 쓴 I'm calling to[암 콜링 투] + 동사.는 '~하려고 전화했어요'란 뜻이지요. 동사 자리에 전화 건 이유를 넣어 말하면 됩니다.

105

패턴 21 연습하기

~와 통화할 수 있을까요?

○ 빈칸에 아래 단어를 넣어 말해 보세요. 🎧 11-2

Can I speak to ☐, please?
☐ 와 통화할 수 있을까요?

your boss
유어 버쓰
당신의 사장님, 당신의 상사

Mrs. Smith
미씨즈 스미뜨
스미스 씨 (기혼여성)

the manager¹
더 매니줘
관리자

the person in charge²
더 퍼쓴 인 촤쥐
책임자, 담당자

1 the manager 명사 manager[매니줘]는 '회사나 조직을 관리하는 사람'을 뜻하는데, '경영자, 관리인, 이사, 국장, 부장' 등 다양한 의미가 있습니다. 예를 들어 '영업부장'을 sales manager[쎄일즈 매니줘]라고 합니다.

2 the person in charge 명사 person[퍼쓴]은 '사람'이고, in charge[인 촤쥐]는 '책임이 있는'의 뜻입니다. 따라서 the person in charge[더 퍼쓴 인 촤쥐]는 '책임이 있는 사람', 다시 말해 '책임자, 담당자'를 뜻합니다.

패턴 22 연습하기

~하려고 전화했어요.

○ 빈칸에 아래 단어를 넣어 말해 보세요. 🎧 11-3

I'm calling to ☐.
☐ 하려고 전화했어요.

invite you
인바잇 유
당신을 초대하다

ask you something
애쓰크 유 썸띵
당신에게 뭐 좀 묻다

book a table[1]
북 어 테이블
테이블을 예약하다

make a reservation[2]
메익 어 레줘베이션
예약하다

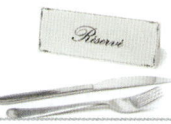

1 book a table book[북]은 명사로는 '책'이지만 동사로는 '(식당, 호텔 등을) 예약하다'라는 뜻이 있습니다. 그러므로 book a table[북 어 테이블]은 '(식당의) 테이블을 예약하다'란 의미가 됩니다.

2 make a reservation reservation[레줘베이션]은 호텔, 식당, 비행기 등의 '예약'을 뜻하는데, '예약을 하다'라고 할 때는 do[두: 하다]가 아니라 '만들다'란 기본 뜻을 가진 동사 make[메익]을 씁니다.

대화하기 도움 요청하는 전화하기

다음 대화를 듣고 따라 말해 보세요. 11-4

컴퓨터가 고장 나서 미선은 컴퓨터 박사인 토니에게 전화를 걸었습니다.

미선 **Hello. Can I speak to Tony, please?**
헬로우 캔 아이 스픽 투 토우니 플리즈

토니 This is he. Who's calling?
디쓰 이즈 히 후즈 컬링

미선 Hi, Tony. This is Misun.
하이 토우니 디쓰 이즈 미선

토니 Hi, Misun. What's up?
하이 미선 왓쓰 업

미선 **I'm calling to ask for your help.**
암 컬링 투 애쓰크 포 유어 헬프

토니 Okay. What can I do for you?
오우케이 왓 캔 아이 두 포 유

미선 Could you help me fix my computer?   **fix** 고치다
쿠드 유 헬프 미 픽쓰 마이 컴퓨터

토니 No problem.
노우 프라블럼

미선	여보세요. **토니와 통화할 수 있을까요?**
토니	전데요. 누구시죠?
미선	안녕하세요, 토니. 미선이에요.
토니	안녕하세요, 미선. 무슨 일이에요?
미선	**도움을 요청하려고 전화했어요.**
토니	알겠어요. 뭘 도와드릴까요?
미선	제 컴퓨터 고치는 걸 도와주시겠어요?
토니	물론이죠.

확인하기 11 전화 통화

정답 230쪽

A 빈칸에 들어갈 알맞은 단어를 보기에서 찾아 쓰세요. (문장의 첫 글자는 대문자로 쓰세요.)

보기	calling	hello	ask	speak

① 여보세요. 제인과 통화할 수 있을까요?

______. Can I ______ to Jane, please?

② 전데요. 누구시죠?

Speaking. Who's ______?

③ 도움을 요청하려고 전화했어요.

I'm calling to ______ for your help.

B 보기에서 알맞은 표현을 찾아 다음 문장을 완성하세요.

보기		
	ask you something	your boss
	book a table	the person in charge

① 당신의 사장님과 통화할 수 있을까요?

Can I speak to ______, please?

② 담당자와 통화할 수 있을까요?

Can I speak to ______, please?

③ 당신에게 뭐 좀 물어보려고 전화했어요.

I'm calling to ______.

④ 테이블을 예약하려고 전화했어요.

I'm calling to ______.

더 말해보기: 전화 잘못 거셨어요.

● 다음 문장을 듣고 따라 말해 보세요. 🎧 11-5

전화 받기

Hello. Scott residence. 여보세요. 스콧네 집입니다.
헬로우   스캇   레지던쓰

- residence는 '주택, 거주지'란 뜻인데, 전화를 받으면서 이 앞에 성을 넣어 '누구누구네 집입니다'라고 말할 수 있습니다.

Hello. This is Sam speaking. 여보세요. 샘입니다.
헬로우   디쓰   이즈 쌤   스피킹

Who's this? 누구세요?
후즈   디쓰

Can I take a message? 메시지 남기시겠어요?
캔   아이 테익   어 메씨쥐

You have the wrong number. 전화 잘못 거셨어요.
유   해브   더   렁   넘버

- 직역하면 '당신은 잘못된 전화번호를 가지고 있어요'라는 뜻으로, 상대방이 전화를 잘못 걸었을 때 이렇게 말합니다.

전화 걸기

I'd like to speak to Tony, please. 토니랑 통화하고 싶습니다.
아이드 라익   투   스픽   투   토우니   플리즈

Can I speak to Minsu, please? 민수와 통화할 수 있을까요?
캔   아이 스픽   투   민수   플리즈

↳ **This is Minsu.** 제가 민수예요.
　 디쓰   이즈 민수

↳ **He just stepped out.** 그는 방금 나갔어요.
　 히   저쓰트 스텝트   아웃

- 전화 받은 사람이 본인일 경우에는 Speaking.이라고 말할 수도 있습니다. 또는 전화 받는 사람이 남자일 때는 This is he., 여자일 때는 This is she.로 답할 수 있습니다.

생활 속 영어를 찾아라!

컴퓨터

컴퓨터를 구성하는 장치 이름은 대부분 영어 명칭을 그대로 씁니다.
어떤 표현이 있는지 알아볼까요?

desktop computer
데쓰크탑 컴퓨터
탁상용 컴퓨터

laptop computer
랩탑 컴퓨터
노트북 컴퓨터

cable
케이블
케이블, 전선

keyboard
키보드
키보드, 자판기

monitor
마니터
모니터

speaker
스피커
스피커

mouse
마우쓰
마우스 (컴퓨터 입력 장치)

program
프로우그램
프로그램

printer
프린터
프린터, 인쇄기

제안
Suggestions

🔊 다음 대화를 듣고 따라 말해 보세요. 🎧 12-1

제인 **Let's** play tennis.
렛쓰 플레이 테니쓰

미션 Well, it's too hot outside.
웰 잇쓰 투 핫 아웃싸이드

제인 Then **how about** go**ing** swimming?
덴 하우 어바웃 고우잉 스위밍

미션 Sounds good.
싸운즈 굿

패턴 23 **Let's +** 동사 **.**
~합시다.

다른 사람에게 어떤 행동을 같이 하자고 제안할 때 가장 쉽게 사용할 수 있는 패턴이 바로 Let's[렛쓰]+동사.입니다. let's는 let us[렛 어쓰]의 줄임말로, '(우리) ~합시다'란 뜻이에요. 이 뒤에는 play[플레이: (스포츠를) 하다], go[고우: 가다], drink[드링크: 마시다] 같은 동사가 올 수 있습니다.

패턴 23 **테니스를 칩시다.**

패턴 24 **수영하러 가는 게 어때요?**

- '우리 밥 먹자', '놀러 가자'처럼 다른 사람에게 뭔가를 같이 하자는 말을 정말 많이 쓰죠. 다른 사람에게 어떤 행동을 제안하고 권유하는 표현을 영어로 익혀 봅시다.

제인 테니스를 칩시다.

미선 음, 밖이 너무 더워요.

제인 그럼 수영하러 가는 게 어때요?

미선 좋아요.

새로 나온 단어

let's [렛쓰] ~합시다, ~하자
play [플레이] (스포츠를) 하다
tennis [테니쓰] 테니스
too [투] 너무
hot [핫] 더운
outside [아웃싸이드] 밖에
go [고우] 가다
swim [스윔] 수영하다
sound [싸운드] ~처럼 들리다

패턴 24 **How about + 동사ing ?**
~하는 게 어때요?

상대방에게 뭔가를 함께 하자고 제안할 때 How about[하우 어바웃] + 동사ing? 패턴도 많이 사용합니다. '~하는 게 어때요?'라는 의미지요. 이때 about[어바웃]은 전치사라서 뒤에는 동사원형이 오지 않고, 동사에 ing를 붙인 형태의 동명사가 옵니다. 동사는 '~하다'란 뜻인데, 동명사는 '~하는 것, ~하기'라는 뜻이 되지요.

113

| 패턴 23 연습하기 | ~합시다. |

○ 빈칸에 아래 단어를 넣어 말해 보세요. 🎧 12-2

Let's ☐.
☐ 합시다.

drink together
드링크 투게더
함께 술을 마시다

go jogging
고우 좌깅
조깅하러 가다

split the bill[1]
스플릿 더 빌
계산을 나눠서 하다

take a break
테익 어 브레익
잠시 쉬다

1 split the bill split[스플릿]은 '나누다, 쪼개다', bill[빌]은 식당에서 주는 '계산서'를 뜻합니다. split the bill[스플릿 더 빌]은 '계산서를 쪼개다', 즉 '계산을 나눠서 하다'라는 의미입니다. 더치페이가 일상화된 서양에서는 친구와 식당에서 식사를 하고 난 뒤 각자 돈을 내자고 할 때가 많지요. 사실 '더치페이'도 콩글리시로, Dutch treat[더취 트릿]이 맞는 표현입니다. '더치페이를 하다'를 go Dutch[고우 더 취]라고도 하지요.

> **패턴 24 연습하기**
>
> ~하는 게 어때요?

● 빈칸에 아래 단어를 넣어 말해 보세요. 🎧 12-3

How about ⬜ ?
⬜ 하는 게 어때요?

going on a picnic[1]
고우잉 언 어 피크닉
소풍 가는 것

studying English
스터디잉 잉글리쉬
영어 공부하는 것

going to the movies[2]
고우잉 투 더 무비즈
영화관에 가는 것

meeting earlier
미팅 얼리어
더 일찍 만나는 것

1 going on a picnic go on[고우 언]은 '(일, 활동을) 시작하다'라는 뜻이고 picnic[피크닉]은 '소풍'을 뜻합니다. 그래서 go on a picnic[고우 언 어 피크닉]은 '소풍 가다'가 되지요. go on a trip[고우 언 어 트립: 여행 가다] 같은 표현도 있습니다.

2 going to the movies 여기서 the movies[더 무비즈]는 '영화들'이 아니라 '영화관'을 뜻합니다. go to the movies[고우 투 더 무비즈]는 '영화관에 가다'란 뜻으로, go to the movie theater[고우 투 더 무비 띠어터]와 같은 뜻이에요.

대화하기 친구와 약속 잡기

○ 다음 대화를 듣고 따라 말해 보세요. 🎧 12-4

주말 아침, 우연히 만난 토니와 미선이 오늘 계획에 대해 이야기를 나눕니다.

토니 **Do you have any plans for today?**   **plan** 계획
두 유 해브 애니 플랜즈 포 투데이

미선 **No, not yet.**   **yet** 아직
노우 낫 옛

토니 **Let's go jogging.**
렛쓰 고우 좌깅

미선 **Well, it's too cold outside.**   **cold** 추운
웰 잇쓰 투 코울드 아웃싸이드

토니 **Then how about going to the movies?**
덴 하우 어바웃 고우잉 투 더 무비즈

미선 **Sounds good. What time shall we meet?**
싸운즈 굿 왓 타임 쉘 위 밋

토니 **How about at 2 p.m.?**   **at** ~에   **p.m.** 오후
하우 어바웃 앳 투 피엠

미선 **Okay. See you then.**
오우케이 씨 유 덴

토니	오늘 어떤 계획이라도 있어요?
미선	아니요, 아직 없어요.
토니	**우리 조깅하러 갑시다.**
미선	음, 밖이 너무 추워요.
토니	그럼 **영화관에 가는 게 어때요?**
미선	좋아요. 몇 시에 만날까요?
토니	오후 2시가 어떨까요?
미선	알았어요. 그때 봐요.

확인하기 12 제안

정답 230쪽

A 빈칸에 들어갈 알맞은 단어를 보기에서 찾아 쓰세요. (문장의 첫 글자는 대문자로 쓰세요.)

보기	going	then	hot	play

① 테니스를 칩시다.
Let's _____ tennis.

② 밖이 너무 더워요.
It's too _____ outside.

③ 그럼 수영하러 가는 게 어때요?
_____ how about _____ swimming?

B 보기에서 알맞은 표현을 찾아 다음 문장을 완성하세요.

보기	drink together	meeting earlier
	going to the movies	take a break

① 잠시 쉽시다.
Let's _____.

② 함께 술을 마십시다.
Let's _____.

③ 더 일찍 만나는 게 어때요?
How about _____?

④ 영화관에 가는 게 어때요?
How about _____?

117

더 말해보기 좋아요.

◯ 다음 문장을 듣고 따라 말해 보세요. 🎧 12-5

상대방의 제안 받아들이기

Good. 좋아요.
굿

Good idea. 좋은 생각이에요.
굿　　　아이디어

That sounds good. 좋아요.
댓　　싸운즈　　굿

- 직역하면 '그것이 좋게 들려요'니까 상대방의 제안이 좋다는 의미가 됩니다. That을 생략하고 Sounds good.이라고만 말해도 됩니다.

Sounds great. 좋아요.
싸운즈　　그레잇

Yes, I'd love to. 네, 좋아요.
예쓰　아이드 러브　투

상대방의 제안 거절하기

I'd like to, but I can't. 그러고는 싶은데 안 돼요.
아이드 라익　투　벗　아이 캔트

I wish I could, but I can't. 그러고는 싶지만 안 되겠어요.
아이 위쉬　아이 쿠드　벗　아이 캔트

I'm sorry, but I have other plans. 미안하지만 다른 약속이 있어요.
아임 쏘리　벗　아이 해브　아더　플랜즈

Maybe some other time. 나중에요.
메이비　썸　아더　타임

- 상대방으로부터 뭔가 제안을 받았을 때 다음 기회로 미루자고 거절하면서 쓰는 표현입니다.

생활 속 영어를 찾아라!

패션잡화

밖에 외출할 때는 이것저것 다양한 패션 아이템을 많이 걸치게 되지요.
일상 속에서 많이 볼 수 있는 잡화류를 영어로는 어떻게 표현하는지 알아봅시다.

sunglasses
썬글래씨즈
선글라스

scarf
스카프
스카프, 목도리

tie
타이
넥타이

hat
햇
모자

bag
백
가방

shoes
슈즈
신발

gloves
글러브즈
장갑

ring
링
반지

belt
벨트
벨트, 허리띠

13 초대와 방문
Invitation and visit

🎧 다음 대화를 듣고 따라 말해 보세요. 🎧 13-1

제인 **Thank you for** com**ing**. **Please** come in.
　　　땡큐　　　　　포　　커밍　　　플리즈　　　컴　인

수호 Thank you.
　　　땡큐

제인 Can I get you something to drink?
　　　캔　아이 겟　유　썸띵　　　　　투　드링크

수호 **I'd like** some coffee, **please**.
　　　아이드 라익　썸　　커피　　　플리즈

패턴 25　**Thank you for +** 명사 / 동사**ing** .
　　　　　　～에 대해 고마워요. / ～해 줘서 고마워요.

도움을 받거나 초대를 받으면 고맙다고 말하는 게 당연하죠. Thank you for[땡큐 포]＋명사/동사ing. 패턴은 '～에 대해 고마워요', '～해 줘서 고마워요'라는 뜻입니다. for[포]는 전치사라서 뒤에 명사가 와야 하는데요, 뒤에 동사를 쓰려면 명사처럼 모양을 바꾼 형태, 즉 동명사가 나와야 합니다. Thanks for[땡쓰 포]＋명사/동사ing.라고 말할 수도 있습니다.

패턴 25 **와 줘서 고마워요.**
패턴 26 **커피를 주세요.**

○ 다른 사람 집이나 파티에 초대받았을 때는 감사의 한마디를 전하면 좋습니다. 상대방에게 뭔가를 부탁할 때 사용하는 패턴과 함께 배워 봅시다.

제인　와 줘서 고마워요. 어서 들어오세요.

수호　감사합니다.

제인　마실 것 좀 줄까요?

수호　커피를 주세요.

새로 나온 단어

thank [땡크] 고마워하다
come [컴] 오다
in [인] 안으로
get [겟] (식사, 음료를) 준비하다, 차리다
something [썸띵] 무언가
drink [드링크] 마시다
coffee [커퓌] 커피

e로 끝나는 동사를 동명사로 만들 때는 e를 빼고 ing를 붙입니다. 따라서 동사 come의 동명사 형태는 coming이 됩니다.

패턴 26 **I'd like +** 명사 **, please.**
　　　　　～를 주세요.

I'd like[아이드 라익]은 I would like[아이 우드 라익]의 줄임말로, '～를 원해요'란 뜻입니다. 뒤에 please[플리즈]를 덧붙여 I'd like[아이드 라익] + 명사, please.[플리즈]라고 하면 '～를 주세요.'라고 더 정중하게 부탁하는 표현이 되지요. 식당에서 직원에게 음식이나 음료를 주문할 때도 아주 유용하게 사용할 수 있는 패턴입니다.

| 패턴 25
연습하기 | ~에 대해 고마워요. |

○ 빈칸에 아래 단어를 넣어 말해 보세요. 🎧 13-2

Thank you for ☐.
☐ 에 대해 고마워요.

having me[1]
해빙 미
날 초대하는 것

stopping by
스타핑 바이
잠시 들르는 것

the present
더 프레즌트
선물

your help
유어 헬프
당신의 도움

1 having me 동사 have[해브]는 원래 '가지고 있다'란 뜻이지만 구어체에서는 '초대하다'의 뜻도 됩니다. 즉, invite[인봐잇]과 같은 의미죠. 그러므로 Thank you for having me.[땡큐 포 해빙 미]는 '날 가져서 고마워요'란 뜻이 아니라 '날 초대해 줘서 고마워요'란 뜻이 됩니다. Thank you for inviting me.[땡큐 포 인봐이팅 미]와 같은 뜻이지요.

패턴 26 연습하기 ~를 주세요.

○ 빈칸에 아래 단어를 넣어 말해 보세요. 🎧 13-3

I'd like ☐, please.
☐를 주세요.

some water[1]
썸 워터
물 좀

a Coke
어 코욱
콜라

a glass of beer[2]
어 글래쓰 어브 비어
맥주 한 잔

a cup of tea
어 컵 어브 티
차 한 잔

1 some water some[썸]은 '조금의, 약간의'라는 뜻으로 명사 앞에 옵니다. 명사 water[워터]는 '물'이니까 some water[썸 워터]는 '물 좀'의 뜻이 됩니다.

2 a glass of beer glass[글래쓰]는 '유리잔'이란 뜻으로, a glass of[어 글래쓰 어브]는 '(유리잔으로) 한 잔'을 뜻합니다. beer[비어]는 '맥주'니까 a glass of beer[어 글래쓰 어브 비어]는 유리잔에 담긴 '맥주 한 잔'이 되는 거지요. 참고로 컵에 담긴 음료를 말할 때는 a cup of[어 컵 어브: (컵으로) 한 잔]을 씁니다.

대화하기 친구 집에 놀러 가기

○ 다음 대화를 듣고 따라 말해 보세요. 🎧 13-4

토니가 미선의 초대로 집을 방문했습니다.

미선 **Hi, Tony. Thank you for coming.**
하이 토우니 땡큐 포 커밍

토니 **Hi, Misun. Thank you for having me.**
하이 미선 땡큐 포 해빙 미

미선 Please come in and make yourself at home.
플리즈 컴 인 앤 메익 유어쎌프 앳 호움

토니 Thank you.
땡큐

미선 Can I get you something to drink?
캔 아이 겟 유 썸띵 투 드링크

토니 **I'd like some coffee, please.**
아이드 라익 썸 커퓌 플리즈

미선 Just a moment, please.
쥬쓰트 어 모우먼트 플리즈

토니 Okay.
오우케이

미선	안녕하세요, 토니. **와 줘서 고마워요.**
토니	안녕하세요, 미선. **초대해 줘서 고마워요.**
미선	어서 들어오셔서 편히 계세요.
토니	고마워요.
미선	마실 것 좀 줄까요?
토니	**커피를 주세요.**
미선	잠깐만 기다려 주세요.
토니	네.

확인하기 13 초대와 방문

정답 230쪽

A 빈칸에 들어갈 알맞은 단어를 보기에서 찾아 쓰세요. (문장의 첫 글자는 대문자로 쓰세요.)

| 보기 | some | thank | coming | get |

① 와 줘서 고마워요.

　　[ ] you for [ ].

② 마실 것 좀 줄까요?

　　Can I [ ] you something to drink?

③ 커피를 주세요.

　　I'd like [ ] coffee, please.

B 보기에서 알맞은 표현을 찾아 다음 문장을 완성하세요.

| 보기 | the present | some water |
| | a glass of beer | having me |

① 초대해 줘서 고마워요.

　　Thank you for [   ].

② 선물 고마워요.

　　Thank you for [   ].

③ 물 좀 주세요.

　　I'd like [   ], please.

④ 맥주 한 잔 주세요.

　　I'd like [   ], please.

125

더 말해보기 : 편히 계세요.

🔵 다음 문장을 듣고 따라 말해 보세요. 🎧 13-5

손님 접대하기

Please have a seat. 앉으세요.
플리즈   해브   어 씻

Please make yourself at home. 편히 계세요.
플리즈   메익   유어쎌프   앳   호움

- 직역하면 '당신 자신을 집에 있는 것처럼 만드세요'지만 의역하면 내 집처럼 생각하고 편히 지내라는 뜻이에요. '집에서'라는 뜻의 at home 대신 '편안한'이란 뜻의 comfortable[컴포터블]을 써도 됩니다.

Let me take your coat. 코트 이리 주세요.
렛   미   테익   유어   코웃

Can I get you something? 뭐 좀 갖다 드릴까요?
캔   아이 겟   유   썸띵

초대 받은 사람이 하는 말

Wow, I like this place. 와, 이곳이 맘에 들어요.
와우   아이 라익 디쓰   플레이쓰

Could you show me around? 구경 좀 시켜 주시겠어요?
쿠드   유   쇼우   미   어라운드

- Could you + 동사?는 '~해 주시겠어요?'라는 뜻으로, Can you + 동사?보다 공손한 표현입니다. 정중하게 부탁할 때 많이 쓰는 표현이지요.

Thank you for inviting me. 절 초대해 줘서 고맙습니다.
땡큐   포   인봐이팅   미

I'm afraid I have to go now. 이제 가 봐야겠어요.
아임   어프레이드   아이 해브   투   고우   나우

- 아쉬움을 뒤로 한 채 작별을 고해야 할 때 유용하게 쓸 수 있는 표현입니다.
I'm afraid (that) + 주어 + 동사.는 '유감스럽지만 ~할 것 같아요'란 뜻입니다.

생활 속 콩글리시를 찾아라!

전자기기

전자기기도 외국에서 온 물건이 대부분이라 외래어가 많습니다.
그 중에서도 실제 영어단어와는 전혀 다르게 쓰이는 경우가 종종 있는데요.
우리 주변의 전자기기 중 대표적인 콩글리시에는 뭐가 있는지 알아볼까요?

에어컨 ➡ air conditioner [에어 컨디셔너]

날씨가 더운 여름철에 꼭 필요한 에어컨은 일본식 줄임말에서 유래한 단어입니다. 실제 영어로는 air conditioner[에어 컨디셔너]라고 합니다. 마찬가지로 텔레비전을 볼 때 쓰는 리모컨도 잘못된 줄임말인데요, 실제로는 remote control[리모웃 컨트로울]이라고 합니다.

스탠드 ➡ desk lamp [데쓰크 램프]

책상 위에 올려놓고 쓰는 등을 흔히 스탠드라고 부릅니다. 그런데 stand[스탠드]란 단어는 '서다, 가판대'를 뜻할 뿐 불을 켜는 등을 뜻하지는 않아요. 책상 위에 올려놓는 조명은 '책상'을 뜻하는 desk[데쓰크]와 '등'을 뜻하는 lamp[램프]를 합쳐 desk lamp[데쓰크 램프]라고 합니다.

믹서 ➡ blender [블렌더]

바나나, 딸기, 당근 같은 과일과 채소를 갈아 주스를 만드는 주방기구를 보통 '믹서'라고 부르죠. 하지만 영어단어 mixer[믹써]는 원래 달걀 거품을 내거나, 빵 반죽을 섞을 때 쓰는 주방기구를 말합니다. 과일을 갈거나 과일과 우유 같은 액체를 함께 섞을 때 쓰는 주방기구는 blender[블렌더]라고 합니다.

14 식사
Having a meal

🔊 다음 대화를 듣고 따라 말해 보세요. 🎧 14-1

미션　**How is your** steak?
　　　하우　　이즈　유어　　　스테익

토니　It's excellent.
　　　잇쓰　　엑썰런트

미션　Do you like it?
　　　두　유　　라익　잇

토니　Of course. **It tastes** so good.
　　　어브 코쓰　　　잇 테이쓰츠　쏘우 굿

패턴 27　How is your + 명사 ?
당신의 ~는 어때요? / 당신의 ~는 어떻게 지내요?

How is your[하우 이즈 유어] + 명사?는 '당신의 ~는 어때요?'라는 뜻으로, 사람이나 사물의 상태를 물어볼 때 쓰는 표현입니다. 뒤에 사물 명사가 오면 사물이 어떤지 상태나 상황을 물어보는 표현이 되지만, 뒤에 사람 명사가 오면 '당신의 ~는 어떻게 지내요?'라고 안부를 물어보는 표현이 되지요. 상대방과 관련된 것을 물어볼 때는 '당신의'를 뜻하는 your[유어]를 명사 앞에 꼭 쓰니까 주의하세요.

| 패턴 27 | 당신의 스테이크는 어때요? |
| 패턴 28 | 아주 맛있어요. |

○ 친지를 초대해서 식사 대접을 할 때 음식이 입에 맞는지가 가장 걱정되죠.
음식이 어떤지 물어보고 음식에서 어떤 맛이 나는지도 얘기해 봅시다.

미선 당신의 스테이크는 어때요?

토니 훌륭해요.

미선 마음에 들어요?

토니 물론이죠. 아주 맛있어요.

새로 나온 단어

how [하우]
어떤 상태로, 어떻게

steak [스테익] 스테이크

excellent [엑썰런트]
훌륭한, 탁월한

taste [테이쓰트]
맛이 ~하다, ~맛이 나다

동사 like의 기본적인 뜻은 '좋아하다'입니다. 하지만 상황에 따라 '마음에 들다'라는 뜻으로 사용되기도 하죠. 예를 들어 I like it here.는 '여기가 마음에 들어요'라는 뜻이 됩니다.

패턴 28 It tastes + 형용사 .

~한 맛이 나요.

음식의 맛이 어떠하다고 얘기할 때 '맛이 ~하다, ~맛이 나다'란 뜻의 동사 taste[테이쓰트]를 써서 It tastes[잇 테이쓰츠] + 형용사.로 말합니다. '~한 맛이 나요'란 뜻입니다. 형용사 앞에 강조하는 부사 so[쏘우]를 넣어 It tastes so[잇 테이쓰츠 쏘우] + 형용사.라고 하면 '정말 ~한 맛이 나요, 맛이 정말 ~해요'란 뜻이 되죠.

**패턴 27
연습하기** 당신의 ~는 어때요?

● 빈칸에 아래 단어를 넣어 말해 보세요. 🎧 14-2

How is your ☐ ?
당신의 ☐ 는 어때요?

meal 밀 음식, 식사 	**business** 비즈니쓰 사업 	**health** 헬뜨 건강 
new house 누 하우쓰 새 집 	**new job** 누 좝 새 직장 	**family**[1] 패믈리 가족 

1 family How is[하우 이즈] 뒤에 사람 명사를 넣으면, '~는 어떻게 지내요?'라고 그 사람의 안부를 물어보는 표현이 됩니다. 여러 명의 사람에 대한 안부를 물을 때는 How are[하우 아]를 써서 How are your parents?[하우 아 유어 패어런츠: 부모님은 어떻게 지내세요?]처럼 말하세요. '가족'이란 뜻의 family[패믈리]는 집합명사이기 때문에 여러 명이기는 하지만 단수로 취급합니다. 따라서 How are[하우 아]가 아니라 How is[하우 이즈]로 물어봐야 하지요.

패턴 28 연습하기 ~한 맛이 나요.

● 빈칸에 아래 단어를 넣어 말해 보세요. 🎧 14-3

It tastes ☐.
☐한 맛이 나요.

sour 싸워 신, 시큼한 	**salty** 썰티 짠 	**sweet**[1] 스윗 달콤한 
bad 배드 좋지 않은, 나쁜 	**great** 그레잇 훌륭한 	**funny**[2] 퍼니 이상한 

1 sweet sweet[스윗: 달콤한] 앞에 bitter[비터: 쓴]를 붙인 bittersweet[비터스윗]은 다크 초콜렛 맛처럼 '씁쓸하면서도 달콤한'이란 뜻이 됩니다.

2 funny 형용사 funny[퍼니]에는 '이상한, 괴상한'이란 뜻과 함께 '재미있는, 웃기는'이란 뜻도 있습니다. 그래서 사람에게 You're funny.[유어 퍼니]라고 말하면 '재미있는 분이군요'란 뜻이 되고, 음식을 묘사할 때 It tastes funny.[잇 테이쓰츠 퍼니]라고 하면 '맛이 이상해요'가 된답니다.

대화하기 친구와 함께 즐거운 식사를!

○ 다음 대화를 듣고 따라 말해 보세요. 🎧 14-4

제인이 수호를 저녁 식사에 초대해 직접 만든 요리를 대접하고 있습니다.

제인 Suho, **how is your steak?**
수호 하우 이즈 유어 스테익

수호 It's excellent.
잇쓰 엑썰런트

제인 Do you like it?
두 유 라익 잇

수호 Of course. **It tastes so good.**
어브 코쓰 잇 테이쓰츠 쏘우 굿

제인 Really? I'm glad you like it.
리얼리 아임 글래드 유 라익 잇

수호 Jane, do you like cooking at home?   **home** 집, 가정
줴인 두 유 라익 쿠킹 앳 호움

제인 Yes, I do. I always enjoy cooking.   **always** 항상
예쓰 아이 두 아이 얼웨이즈 인조이 쿠킹

수호 I think you're a good cook.
아이 띵크 유어 어 굿 쿡

제인	수호, **당신의 스테이크는 어때요?**
수호	훌륭해요.
제인	마음에 들어요?
수호	물론이죠. **아주 맛있어요.**
제인	정말요? 좋아해서 다행이네요.
수호	제인, 집에서 요리하는 걸 좋아해요?
제인	네, 좋아해요. 항상 요리하는 걸 즐겨요.
수호	당신은 요리를 잘하는 것 같아요.

확인하기 14 식사

정답 231쪽

A 빈칸에 들어갈 알맞은 단어를 보기에서 찾아 쓰세요. (문장의 첫 글자는 대문자로 쓰세요.)

보기	excellent steak good how

① 당신의 스테이크는 어때요?

　　[ ] is your [ ] ?

② 훌륭해요.

　　It's [ ] .

③ 아주 맛있어요.

　　It tastes so [ ] .

B 보기에서 알맞은 표현을 찾아 다음 문장을 완성하세요.

보기	funny　　　meal salty　　　health

① 당신의 음식은 어때요?

　　How is your [ ] ?

② 당신의 건강은 어때요?

　　How is your [ ] ?

③ 맛이 이상해요.

　　It tastes [ ] .

④ 짠맛이 나요.

　　It tastes [ ] .

더 말해보기 너무 매워요.

● 다음 문장을 듣고 따라 말해 보세요. 🎧 14-5

음식 칭찬하기

I like it. 마음에 들어요.
아이 라익 잇

My mouth is watering. 입에서 군침이 돌아요.
마이 마우뜨 이즈 워터링

■ water는 명사로는 '물'이란 뜻이지만 동사로는 '군침이 돌다'라는 뜻이 있습니다. 입에 침이 괴는 것을 마치 입에 물이 고여 흘러내리는 것처럼 비유한 표현이지요.

It looks good. 맛있어 보여요.
잇 룩쓰 굿

음식의 맛 평가하기

It's too spicy. 너무 매워요.
잇쓰 투 스파이씨

It's so crunchy. 아주 바삭바삭해요.
잇쓰 쏘우 크런취

It has no taste. 아무 맛도 안 나요.
잇 해즈 노우 테이쓰트

The food is too bland. 음식이 너무 싱거워요.
더 푸드 이즈 투 블랜드

It tastes like chicken. 닭고기 같은 맛이 나요.
잇 테이쓰츠 라익 취킨

■ 여기서 like은 '좋아하다'가 아니라 '~처럼, ~같은'이란 뜻의 전치사입니다. '~같은 맛이 나요'라고 할 때 It tastes like + 명사.로 말합니다.

It tastes bitter. 쓴맛이 나요.
잇 테이쓰츠 비터

생활 속 영어를 찾아라! 🎧 14-6

음식

우리가 즐겨 먹는 음식 중에는 외국에서 온 것이 많습니다.
이제는 우리 식생활에서도 빼놓고 생각할 수 없는 음식들도 많지요.
이런 음식을 영어로는 어떻게 말하는지 알아볼까요?

salad
쌜러드
샐러드

soup
쑤웁
수프, 죽

hamburger
햄버거
햄버거

ice cream
아이쓰 크림
아이스크림

donut
도우넛
도넛

cake
케익
케이크

sandwich
쌘드위취
샌드위치

pasta
파쓰타
파스타

pizza
핏쯔아
피자

15 작별 인사
Saying goodbye

🔊 다음 대화를 듣고 따라 말해 보세요. 🎧 15-1

제인 **I think I should get going now.**
아이 띵크 아이 슈드 겟 고우잉 나우

미션 **So soon?**
쏘우 쑨

제인 **Yes, it's time to go to work.**
예쓰 잇쓰 타임 투 고우 투 워크

미션 **Really? I think you should hurry.**
리얼리 아이 띵크 유 슈드 허리

패턴 29 **It's time to + 동사 .**
~할 시간이에요.

뭔가를 할 시간이 되었다고 말할 때 It's time to[잇쓰 타임 투]+동사. 패턴을 사용합니다. '~할 시간이에요'라는 뜻이죠. to 뒤에 상황에 맞는 동사 표현을 넣어 주면 됩니다. It's time for lunch.[잇쓰 타임 포 런취: 점심 먹을 시간이에요]처럼 It's time for[잇쓰 타임 포]+명사. 형태로도 많이 씁니다.

패턴 29 **출근할 시간이에요.**

패턴 30 **서둘러야 할 것 같아요.**

● 만남이 있으면 아쉬운 작별도 있기 마련입니다.
　헤어질 때 어떤 작별 인사를 하는지 알아봅시다.

제인　이제 가 봐야겠어요.

미선　이렇게 빨리요?

제인　네, 출근할 시간이에요.

미선　정말요? 서둘러야 할 것 같아요.

새로 나온 단어

think [띵크] 생각하다, (생각에) ~인 것 같다
should [슈드] ~해야 한다
soon [쑨] 빨리, 곧
now [나우] 지금, 이제
time [타임] 시간
go to work [고우 투 워크] 출근하다
hurry [허리] 서두르다

get 뒤에 동사ing가 오면 '~하기 시작하다'란 뜻이 됩니다. 그래서 get going은 '가기 시작하다', 즉 '가 보다' 란 뜻이 되지요.

패턴 30　**I think you should + 동사 .**
　　　　　당신은 ~해야 할 것 같아요.

상대방이 어떤 행동을 취해야 한다고 생각될 때 I think you should[아이 띵크 유 슈드] + 동사.로 말합니다. '당신은 ~해야 할 것 같아요'라는 뜻이지요. should[슈드]는 '~해야 한다'라고 충고할 때 쓰는 표현인데, 그냥 You should + 동사.로 말하면 명령조의 강한 표현입니다. 따라서 이 앞에 자신의 생각을 좀 누그러뜨려 말하는 I think[아이 띵크]를 붙이면 부드럽게 권하는 표현이 됩니다.

137

패턴 29 연습하기

~할 시간이에요.

○ 빈칸에 아래 단어를 넣어 말해 보세요. 🎧 15-2

It's time to ☐.
☐ 할 시간이에요.

go to bed[1]
고우 투 베드
자러 가다, 취침하다

wake up
웨잇 업
일어나다, 깨어나다

have dinner[2]
해브 디너
저녁 먹다

get back home
겟 백 호움
집으로 돌아가다

1 go to bed 명사 bed[베드]는 '침대'를 뜻하므로 go to bed[고우 투 베드]는 '침대로 가다', 즉 '자러 가다'라는 뜻입니다. go to sleep[고우 투 슬립: 잠들다], get some sleep[겟 썸 슬립: 잠 좀 자다]도 비슷한 의미지요.

2 have dinner 동사 have[해브]는 eat[잇]처럼 '먹다'란 뜻도 있어요. dinner[디너]는 '저녁식사'를 뜻하는데, '아침식사'는 breakfast[브랙퍼스트], '점심식사'는 lunch[런취], '아침 겸 점심'은 이 두 단어를 합쳐 brunch[브런취]라고 하지요.

패턴 30 연습하기 — 당신은 ~해야 할 것 같아요.

● 빈칸에 아래 단어를 넣어 말해 보세요. 🎧 15-3

I think you should ☐.
당신은 ☐ 해야 할 것 같아요.

start working
스타트 워킹
일을 시작하다

buy it
바이 잇
그걸 사다

let him go[1]
렛 힘 고우
그를 보내 주다

stop smoking[2]
스탑 스모우킹
담배를 끊다

1 let him go 동사 let[렛]은 '~하게 놓아두다'라는 뜻으로, 'let + 사람 + 동사'는 '사람이 ~하게 두다'라는 뜻이 됩니다. 따라서 let him go[렛 힘 고우]는 '그를 가게 두다', 즉 '그를 보내 주다'란 뜻이 되지요.

2 stop smoking '담배를 끊다, 금연하다'라고 할 때는 '멈추다'란 뜻의 동사 stop[스탑]을 사용합니다. 'stop + 동사ing'는 '~하는 것을 그만두다'라는 뜻이에요. stop[스탑] 대신 동사 quit[쿠윗: 그만두다, 끊다]를 써도 같은 뜻이 됩니다.

대화하기 이제는 우리가 헤어질 시간

◯ 다음 대화를 듣고 따라 말해 보세요. 🎧 15-4

길에서 마주친 토니와 미선이 이야기를 나누다가 작별 인사를 합니다.

토니 I think I should get going now.
아이 띵크 아이 슈드 겟 고우잉 나우

미선 So soon?
쏘우 쑨

토니 Yes, **it's time to have dinner.** Jane is waiting for me.
예쓰 잇쓰 타임 투 해브 디너 쮀인 이즈 웨이팅 포 미

미선 Really? **I think you should hurry.**
리얼리 아이 띵크 유 슈드 허리

토니 Okay. See you later.
오우케이 씨 유 레이터

later 나중에

미선 Please say hello to Jane for me.
플리즈 쎄이 헬로우 투 쮀인 포 미

say hello 안부를 전하다

토니 Will do. Nice talking to you.
윌 두 나이쓰 터킹 투 유

토니	이제 가 봐야겠어요.
미선	이렇게 빨리요?
토니	네, **저녁 먹을 시간이에요.** 제인이 절 기다리고 있거든요.
미선	정말요? **서둘러야 할 것 같군요.**
토니	네. 나중에 봐요.
미선	제인에게 안부 좀 전해 주세요.
토니	그럴게요. 얘기 나눠서 즐거웠어요.

확인하기 15 작별 인사

정답 231쪽

A 빈칸에 들어갈 알맞은 단어를 보기에서 찾아 쓰세요.

| 보기 | soon | time | think | get |

① 이제 가 봐야겠어요.
   I [ ] I should [ ] going now.

② 이렇게 빨리요?
   So [ ] ?

③ 네, 출근할 시간이에요.
   Yes, it's [ ] to go to work.

B 보기에서 알맞은 표현을 찾아 다음 문장을 완성하세요.

| 보기 | have dinner   start working |
| | stop smoking   go to bed |

① 자러 갈 시간이에요.
   It's time to [   ].

② 저녁 먹을 시간이에요.
   It's time to [   ].

③ 당신은 일을 시작해야 할 것 같아요.
   I think you should [   ].

④ 당신은 담배를 끊어야 할 것 같아요.
   I think you should [   ].

더 말해보기 안녕히 가세요.

○ 다음 문장을 듣고 따라 말해 보세요. 🎧 15-5

헤어질 때 하는 인사

Goodbye. 안녕히 가세요. / 안녕히 계세요.
굿바이

Bye. 안녕히 가세요. / 안녕히 계세요.
바이

Take care. 조심해서 잘 가요.
테익 케어

Good night. 안녕히 주무세요. / 안녕히 가세요. / 안녕히 계세요. (저녁 인사)
굿 나잇

■ 직역하면 '좋은 밤 보내세요' 정도로 해석되는데, 밤에 잠잘 때나 저녁에 헤어지면서 쓸 수 있는 작별 인사입니다. 참고로 저녁에 만났을 때는 Good evening.이라고 인사하죠.

Have a good day. 좋은 하루 보내세요.
해브 어 굿 데이

It was good to see you. 만나서 반가웠어요.
잇 워즈 굿 투 씨 유

다음 만남을 기약하는 인사

Catch you later. 나중에 또 봐요.
캐취 유 레이터

■ 동사 catch에는 '붙들다, 잡다'란 뜻 외에도 '때마침 만나다'의 의미가 있습니다.

See you around. 조만간 다시 만나요.
씨 유 어라운드

I'll be in touch. 연락할게요.
아일 비 인 터취

생활 속 콩글리시를 찾아라!

🎧 15-6

미용 제품

요즘은 남녀노소 가리지 않고 미용에 관심을 갖는 사람들이 많아지고 있습니다.
그러다 보니 옛날보다 더욱 다양한 미용 제품들이 나와 있죠.
미용 제품과 관련된 콩글리시를 짚고 넘어가 봅시다.

매니큐어 ➡ nail polish [네일 팔리쉬]

손톱에 색을 칠하는 화장품을 매니큐어라고 하죠. 영어단어 manicure[매너큐어]는 '손'을 의미하는 라틴어 manus[마누쓰]와 '관리'를 뜻하는 cura[큐라]의 합성어로, '손톱 손질, 손톱 손질을 하다'란 뜻입니다. 화장품인 '매니큐어'는 nail polish[네일 팔리쉬]라고 해야 맞습니다. nail[네일]은 '손톱', polish[팔리쉬]는 '광택제, 윤 내기'란 뜻입니다.

린스 ➡ (hair) conditioner [헤어 컨디셔너]

샴푸로 머리를 감은 뒤 머리를 부드럽게 만들기 위해 바르고 물로 헹궈내는 제품을 린스라고 하는데요, 영어단어 rinse[린쓰]는 '헹구다, 씻어내다'란 뜻만 가지고 있습니다. 맞는 영어 표현은 conditioner[컨디셔너]랍니다. 앞에 '머리카락'을 뜻하는 hair[헤어]를 붙여서 hair conditioner[헤어 컨디셔너]라고도 합니다.

루즈 ➡ lipstick [립스틱]

옛날에는 여성들이 입술에 바르는 화장품을 루즈라고 많이 불렀습니다. 하지만 영어단어 rouge[루쥐]는 '볼 연지'라는 뜻인데다가, 요즘에는 거의 안 쓰는 옛날 말입니다. 올바른 영어표현은 lipstick[립스틱]이에요. 명사 lip[립]은 '입술'이고 stick[스틱]은 '막대기'라는 뜻으로, 입술에 바르는 막대기 모양의 화장품을 떠올려 보면 이해하기 쉬울 겁니다.

16

가족
Family

● 다음 대화를 듣고 따라 말해 보세요. 🎧 16-1

토니　**Do you have any brothers or sisters?**
두　유　해브　애니　브라더즈　오어　씨쓰터즈

미션　**Yes, I have a younger sister.**
예쓰　아이 해브　어　영거　씨쓰터

토니　**Can I see her picture?**
캔　아이 씨　허　픽춰

미션　**Of course. Here you are.**
어브 코쓰　히어　유　아

패턴 31　**I have +** 명사 **.**

　　　　난 ~가 있어요.

have[해브]는 '가지고 있다'란 뜻의 동사입니다. 자신이 가지고 있는 것을 언급할 때 I have[아이 해브] + 명사. 패턴을 사용합니다. '난 ~가 있어요'라는 뜻이지요. 내가 갖고 있는 사물을 나타낼 때뿐만 아니라, 형제자매나 자녀 등 내게 있는 가족을 언급할 때, 약속이나 스케줄 등이 있다고 할 때도 쓸 수 있는 패턴입니다. 이때 셀 수 있는 명사라면 앞에 a[어]나 an[언]을 붙여야 하죠.

144

패턴 31 **난 여동생이 있어요.**

패턴 32 **그녀의 사진을 볼 수 있을까요?**

○ 친구와 대화할 때 가족에 관한 이야기를 자주 하게 되죠.
우리 가족에 대해 이야기해 봅시다.

토니 혹시 형제나 자매 있어요?

미선 네, 난 여동생이 있어요.

토니 그녀의 사진을 볼 수 있을까요?

미선 물론이죠. 여기 있어요.

새로 나온 단어

brother [브라더]
형제, 형, 오빠, 남동생

or [오어] 또는

sister [씨쓰터]
자매, 누나, 언니, 여동생

younger [영거] 연하의

her [허] 그녀의

picture [픽춰] 사진

here [히어] 여기에

younger는 '더 어린'이란 뜻으로, '여동생'은 younger sister, '언니, 누나'는 older sister 또는 elder sister라고 합니다.

패턴 32 **Can I +** 동사 **?**

~할 수 있을까요? / ~해도 돼요?

can[캔]은 '~할 수 있다'라는 뜻으로, 뒤에 나오는 진짜 동사의 뜻에 특별한 의미를 더해 주는 조동사입니다. 뭔가를 하기 전에 먼저 상대방으로부터 허락을 받고자 할 때 Can I [캔 아이] + 동사? 패턴으로 물어봅니다. 직역하면 '내가 ~할 수 있을까요?'란 뜻이지만 회화에서는 '~해도 돼요?'의 뜻으로도 많이 씁니다. 더욱 공손하게 상대의 허락을 구할 때는 May I [메이 아이] + 동사?를 쓰는데, may[메이]도 조동사입니다.

145

패턴 31 연습하기

난 ~가 있어요.

○ 빈칸에 아래 단어를 넣어 말해 보세요. 🎧 16-2

I have ☐.
난 ☐가 있어요.

an older brother[1]
언 오울더 브라더
형, 오빠

a blind date[2]
어 블라인드 데잇
소개팅

an appointment
언 어포인트먼트
약속

a smartphone
어 스마트포운
스마트폰

1 an older brother 영어로는 '형, 오빠, 남동생'을 모두 brother라고 합니다. '형, 오빠'는 '연상의'를 뜻하는 older[오울더]나 elder[엘더]를 앞에 붙여 older brother[오울더 브라더] 또는 elder brother[엘더 브라더]라고 합니다.

2 a blind date blind[블라인드]는 '눈 먼'이란 뜻이고 date[데잇]은 '(남녀 간의) 데이트'를 말하는데요. '소개팅'은 직접 만날 때까지는 눈이 안 보이는 것처럼 어떤 사람인지 알 수 없기 때문에 blind date[블라인드 데잇]이라고 합니다.

패턴 32 연습하기

~할 수 있을까요? / ~해도 돼요?

● 빈칸에 아래 단어를 넣어 말해 보세요. 🎧 16-3

Can I ⬜ ?

⬜ 할 수 있을까요? / ⬜ 해도 돼요?

go now
고우 나우
지금 가다

sit here
씻 히어
여기 앉다
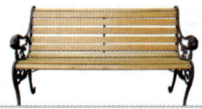

borrow your phone[1]
바로우 유어 포운
당신의 전화기를 빌리다

call you later[2]
컬 유 레이터
나중에 전화하다

1 borrow your phone 동사 borrow[바로우]는 '빌리다'란 뜻입니다. 다른 사람에게 어떤 물건을 빌리고 싶을 때 Can I borrow[캔 아이 바로우]＋명사? 형태를 써서 '~를 빌릴 수 있을까요?'하고 물어볼 수 있습니다.

2 call you later 지금 당장 이야기할 형편이 안 되면 Can I call you later?[캔 아이 컬 유 레이터]라고 말할 수 있습니다. '나중에 전화해도 돼요?'라는 뜻으로, call[컬]은 '전화하다', later[레이터]는 '나중에'라는 뜻이지요.

대화하기 여동생 자랑하기

● 다음 대화를 듣고 따라 말해 보세요. 🎧 16-4

수호와 제인은 제인의 여동생에 대해 대화를 나눕니다.

수호 Jane, do you have any siblings?
쥉인 두 유 해브 애니 씨블링즈

sibling 형제자매

제인 Yes, I do. **I have a younger sister.**
예쓰 아이 두 아이 해브 어 영거 씨스터

수호 Really? What does she look like?
리얼리 왓 더즈 쉬 룩 라익

제인 She looks like a model.
쉬 룩쓰 라익 어 마들

model 모델

수호 Then she must be pretty tall, right?
덴 쉬 머쓰트 비 프리티 톨 라잇

pretty 꽤, 아주

제인 Yes, and she's also very beautiful.
예쓰 앤 쉬즈 얼쏘우 베리 뷰티폴

also 또한

수호 **Can I see her picture?**
캔 아이 씨 허 픽쳐

제인 Of course. Here you are.
어브 코쓰 히어 유 아

수호	제인, 혹시 형제자매 있어요?
제인	네. **난 여동생이 있어요.**
수호	그래요? 그녀는 어떻게 생겼어요?
제인	모델 같아요.
수호	그러면 키가 꽤 크겠네요, 맞죠?
제인	네, 그리고 걘 매우 예쁘기도 해요.
수호	**그녀의 사진을 볼 수 있을까요?**
제인	물론이죠. 여기 있어요.

확인하기 16 가족

A 빈칸에 들어갈 알맞은 단어를 보기에서 찾아 쓰세요. (문장의 첫 글자는 대문자로 쓰세요.)

| 보기 | have | picture | can | brothers |

① 혹시 형제나 자매 있어요?
Do you have any _____ or sisters?

② 네, 난 여동생이 있어요.
Yes, I _____ a younger sister.

③ 그녀의 사진을 볼 수 있을까요?
_____ I see her _____ ?

B 보기에서 알맞은 표현을 찾아 다음 문장을 완성하세요.

| 보기 | call you later | an older brother |
| | an appointment | sit here |

① 난 오빠가 있어요.
I have _____ .

② 난 약속이 있어요.
I have _____ .

③ 여기 앉아도 돼요?
Can I _____ ?

④ 나중에 전화해도 돼요?
Can I _____ ?

더 말해보기: 가족이 몇 명이에요?

○ 다음 문장을 듣고 따라 말해 보세요. 🎧 16-5

식구 수 말하기

How many people are there in your family?
하우 메니 피플 아 데어 인 유어 패밀리
가족이 몇 명이에요?

↳ **There are five people in my family.** 우리 식구는 다섯 명이에요.
데어 아 파이브 피플 인 마이 패밀리
■ 가족 구성원이 몇 명인지 언급할 때는 '~가 있어요'란 뜻의 There are ~.로 표현하면 됩니다.

I have a small family. 우리집은 식구가 적어요.
아이 해브 어 스몰 패밀리

I have a big family with many cousins.
아이 해브 어 빅 패밀리 위드 메니 커즌즈
사촌이 많은 대가족이에요.

가족 관계 말하기

I have a brother and a sister.
아이 해브 어 브라더 앤 어 씨쓰터
남자 형제 하나와 여자 형제 하나가 있어요.

I'm an only child. 전 외동이에요.
아임 언 오운리 촤일드

I have a son and a daughter. 난 아들 하나와 딸 하나가 있어요.
아이 해브 어 썬 앤 어 도우터

I have three grandchildren. 난 손주가 셋 있어요.
아이 해브 뜨리 그랜드칠드런
■ '손자'는 grandson[그랜드썬], '손녀'는 granddaughter[그랜드도우터]라고 합니다.

생활 속 영어를 찾아라!

가족과 친척

한국은 가족을 부르는 호칭이 꽤 복잡한 편인데요.
영어에서 가족을 나타내는 단어는 훨씬 간단하고 쉽습니다.
가족과 친척을 나타내는 기본적인 영어단어를 익혀 봅시다.

father
파더
아버지

mother
마더
어머니

brother
브라더
형, 오빠, 남동생

sister
씨쓰터
누나, 언니, 여동생

grandfather
그랜드파더
할아버지

grandmother
그랜드마더
할머니

aunt
앤트
고모, 이모, 숙모, 큰어머니

uncle
엉클
고모부, 이모부, 삼촌, 큰아버지

cousin
커즌
사촌

17 해야 할 일
Things to do

○ 다음 대화를 듣고 따라 말해 보세요. 🎧 17-1

제인 **I need to** exercise.
아이 니드 투 엑써싸이즈

수호 **What for?**
왓 포

제인 **I have to** lose weight.
아이 해브 투 루즈 웨잇

수호 **You must be kidding!**
유 머쓰트 비 키딩

패턴 33 **I need to +** 동사 **.**

~해야 해요.

어떤 행동을 해야 될 때 동사 need[니드: ~를 필요로 하다]를 써서 I need to[아이 니드 투]＋동사. 패턴으로 말합니다. 직역하면 '~할 필요가 있어요'지만 자연스럽게 '~해야 해요'처럼 해석하면 됩니다. 특히 필요성에 중점을 둔 표현이지요. 참고로 '~할 필요가 없어요'라고 반대의 뜻을 나타내려면 I don't need to[아이 도운트 니드 투]＋동사.로 말하세요.

| 패턴 33 | **운동해야 해요.** |
| 패턴 34 | **살 빼야 해요.** |

○ 청소라던가 운동처럼 하기 싫어도 해야 하는 일들이 있죠.
이처럼 내가 필요로 하거나 마땅히 해야 하는 일을 나타내는 표현을 배워 봅시다.

제인	운동해야 해요.
수호	왜요?
제인	살 빼야 해요.
수호	농담이죠!

새로 나온 단어

need to [니드 투]
~할 필요가 있다

exercise [엑써싸이즈]
운동하다

What for? [왓 포] 왜요?
(Why?보다 목적의 의미가 강함)

have to [해브 투]
~해야 한다

lose weight [루즈 웨잇]
살 빼다

must be [머쓰트 비]
~임에 틀림없다

kid [키드] ~에게 농담하다

| 패턴 34 | **I have to + 동사 .** |

~해야 해요.

I have to[아이 해브 투] + 동사.는 '~해야 해요'란 뜻입니다. I need to + 동사.와 의미는 비슷하지만, 뭔가를 반드시 해야 한다는 당위성에 좀 더 초점을 맞춘 표현이죠. 부정형인 I don't have to[아이 도운트 해브 투] + 동사.는 '~해서는 안 돼요'란 뜻이 아니라 '~하지 않아도 돼요'란 뜻이니까 주의하세요.

패턴 33 연습하기

~해야 해요.

○ 빈칸에 아래 단어를 넣어 말해 보세요. 🎧 17-2

I need to ☐.
☐ 해야 해요.

work out[1]
워크 아웃
운동하다

wash my hands
워쉬 마이 핸즈
손을 씻다

go on a diet[2]
고우 언 어 다이엇
다이어트하다

take a nap
테익 어 냅
낮잠을 자다

1 work out 동사 exercise[엑써싸이즈]도 '운동하다'란 뜻이지만 조깅이나 산책 같은 일반적인 신체활동까지 포함하는 단어입니다. 반면 work out[워크 아웃]은 헬스장 같은 곳에서 근력을 키우거나 몸을 만들기 위해 운동하는 것을 말합니다.

2 go on a diet diet[다이엇]은 '식사, 식습관'이란 뜻인데요, 식생활 조절을 통해 살을 빼는 것을 go on a diet[고우 언 어 다이엇: 다이어트하다]라고 말합니다. 운동을 통해 살 빼는 것과는 상관 없는 표현이니 주의하세요.

패턴 34 연습하기

~해야 해요.

○ 빈칸에 아래 단어를 넣어 말해 보세요. 🎧 17-3

I have to ☐.
☐ 해야 해요.

leave now[1]
리브 나우
지금 떠나다

work hard
워크 하드
열심히 일하다

do yoga[2]
두 요우가
요가를 하다

clean my room
클린 마이 룸
내 방을 청소하다

1 leave now 아는 지인과 짧은 만남을 뒤로 한 채 작별 인사를 해야 할 경우, I'm afraid I have to leave now.[아임 어프레이드 아이 해브 투 리브 나우]처럼 말합니다. '미안하지만 이제 떠나야겠어요'라는 뜻이죠.

2 do yoga '요가를 하다'라는 뜻의 do yoga[두 요우가]처럼 '~를 하다'란 뜻의 동사 do[두]를 사용해 어떤 행위를 하는 것을 표현할 수 있어요. do exercise[두 엑써싸이즈: 운동하다], do business[두 비즈니쓰: 사업을 하다]처럼요.

대화하기 살 빼기 운동

○ 다음 대화를 듣고 따라 말해 보세요. 🎧 17-4

최근 몸무게가 불어나 괴로운 미선에게 토니가 오늘 스케줄을 물어 봅니다.

토니 Misun, what are you going to do today?
미선 왓 아 유 고우잉 투 두 투데이

미선 **I need to exercise.**
아이 니드 투 엑써싸이즈

토니 What for?
왓 포

미선 **I have to lose weight.**
아이 해브 투 루즈 웨잇

토니 You must be kidding!
유 머쓰트 비 키딩

미선 No, I mean it.　　　　　　　　　　**mean** 의도하다, 뜻하다
노우 아이 민 잇

토니 You don't need to lose weight. You look good.
유 도운트 니드 투 루즈 웨잇 유 룩 굿

미선 Thanks, but I'm a little overweight.　**overweight** 비만의
땡쓰 벗 아임 어 리틀 오우버웨잇

토니	미선, 오늘 뭐 할 거예요?
미선	**운동해야 해요.**
토니	왜요?
미선	**살 빼야 하거든요.**
토니	농담이죠!
미선	아니요, 진심이에요.
토니	살 뺄 필요 없어요. 보기 좋아요.
미선	고마워요, 하지만 난 약간 비만이에요.

확인하기 17 해야 할 일

정답 232쪽

A 빈칸에 들어갈 알맞은 단어를 보기에서 찾아 쓰세요.

보기 **for** **kidding** **need** **must**

① 운동해야 해요.

I [ ] to exercise.

② 왜요?

What [ ]?

③ 농담이죠!

You [ ] be [ ]!

B 보기에서 알맞은 표현을 찾아 다음 문장을 완성하세요.

보기 **take a nap** **leave now** **do yoga** **go on a diet**

① 다이어트해야 해요.

I need to [ ].

② 낮잠을 자야 해요.

I need to [ ].

③ 지금 떠나야 해요.

I have to [ ].

④ 요가를 해야 해요.

I have to [ ].

더 말해보기 매일 아침에 운동해요.

● 다음 문장을 듣고 따라 말해 보세요. 🎧 17-5

운동에 대해 질문하기

When do you exercise? 언제 운동해요?
웬   두 유   엑써싸이즈

Do you exercise every day? 매일 운동해요?
두 유   엑써싸이즈   에브리   데이

Do you like exercising? 운동하는 걸 좋아해요?
두 유   라익   엑써싸이징

내가 하는 운동 말하기

I exercise every morning. 매일 아침에 운동해요.
아이 엑써싸이즈   에브리   모닝

I work out at the gym. 난 헬스장에서 운동해요.
아이 워크   아웃   앳 더   쥠

■ gym은 '헬스장, 스포츠 센터'를 뜻합니다. '학교 체육관'이란 뜻도 있지요.

I enjoy playing tennis. 테니스를 즐겨 쳐요.
아이 인조이   플레잉   테니쓰

I love running. 달리기를 정말 좋아해요.
아이 러브   러닝

I go jogging in the morning. 난 아침에 조깅하러 가요.
아이 고우 좌깅   인 더   모닝

I go hiking every weekend. 주말마다 등산을 가요.
아이 고우 하이킹   에브리   위켄드

■ 동사 hike은 '하이킹하다, 도보 여행하다'라는 뜻인데, 가볍게 산을 오르는 것을 나타내는 '등산하다'라는 의미도 됩니다. 한편, 전문 장비를 갖추고 험한 산을 등반하는 것은 climb the mountain[클라임 더 마운틴]이라고 하지요.

생활 속 콩글리시를 찾아라!

탈 것

탈 것을 나타내는 단어 중에는 원어민이 쓰지 않는 콩글리시가 종종 있습니다. 올바른 영어표현은 무엇인지 알아봅시다.

오토바이 ➡ motorcycle [모우터싸이클]

오토바이는 일본식 영어인 auto bike[오우토 바익]에서 온 말입니다. '자동 자전거'란 뜻이지요. 하지만 영어로는 이렇게 쓰지 않고 motorcycle[모우터싸이클]이라고 합니다. motor[모우터]는 '모터, 전동기'라는 뜻이고, cycle[싸이클]은 '자전거'를 뜻해요. 다시 말해 '모터로 움직이는 자전거'를 뜻하지요.

오픈카 ➡ convertible [컨버터블]

지붕을 열었다 닫았다 할 수 있는 자동차를 open[오우픈: 열린]과 car[카: 자동차]를 합쳐 오픈카(open car)라고 하는데요, 원어민은 이런 차를 convertible[컨버터블]이라고 말합니다. 형용사로는 '(형태를) 바꿀 수 있는'이라는 뜻이고, 명사로는 '지붕을 접을 수 있는 차'를 뜻하지요.

포크레인 ➡ excavator [엑쓰커베이터]

건설현장에서 자주 사용하는 굴착기를 보통 포크레인이라고 부르는데, 이 용어는 원래 Poclain(포클랭)이라는 프랑스 회사 이름에서 온 것입니다. 보통 제작하는 중장비에 회사 상호명을 써 놓은 경우가 많다 보니, 마치 회사 이름이 중장비 이름인 것처럼 잘못 인식된 것이지요. 실제 영어로는 excavator[엑쓰커베이터]라고 합니다.

18 건강과 질병
Health and illness

🔊 다음 대화를 듣고 따라 말해 보세요. 🎧 18-1

미션   **Are you okay? You look pale.**
        아 유   오우케이   유 룩   페일

토니   **I think I have a cold.**
        아이 띵크   아이 해브   어 코울드

미션   **Why don't you see a doctor?**
        와이   도운트   유   씨   어 닥터

토니   **Okay. I'll do that.**
        오우케이   아일 두 댓

패턴 35 **You look + 형용사 .**
　　　　　　～해 보여요.

상대방의 겉모습을 보고 어떠해 보인다고 말할 때 You look[유 룩] + 형용사.를 사용합니다. '～해 보여요'란 뜻이지요. 뒤에는 pale[페일: 창백한]처럼 상태를 나타내는 형용사를 쓰면 됩니다. 참고로, 부정문인 You don't look[유 도운트 룩] + 형용사.는 '～해 보이지 않아요'라는 뜻입니다.

패턴 35 창백해 보여요.
패턴 36 병원에 가는 게 어때요?

💡 인생에서 건강보다 중요한 것은 없죠.
아파 보이는 사람에게 말을 걸고 병원에 가라고 조언도 해 봅시다.

미션 괜찮아요? 창백해 보여요.

토니 감기 걸린 것 같아요.

미션 병원에 가는 게 어때요?

토니 알았어요. 그럴게요.

새로 나온 단어

okay [오우케이]
괜찮은, 네, 좋아요

look [룩] ~해 보이다

pale [페일] 창백한

cold [코울드] 감기

see a doctor [씨 어 닥터]
병원에 가다

I'll [아일]
~할 것이다 (= I will)

'병원에 가다'라고 할 때 go to the hospital[고우 투 더 하쓰피틀]이라고 하면 입원을 하거나 수술을 받으러 큰 병원에 가는 것을 뜻합니다. 보통은 see a doctor(의사를 만나다)라고 하죠.

패턴 36 Why don't you + 동사 ?
~하는 게 어때요?

상대방에게 뭔가를 제안할 때 사용하는 패턴인 Why don't you[와이 도운트 유] + 동사?는 '~하는 게 어때요?'라는 뜻입니다. 물론 문자 그대로 '당신은 왜 ~하지 않아요?'라고 이유를 물어보는 의미가 될 때도 있습니다. 상황에 따라 두 가지 의미 중 맞는 것으로 쓰면 됩니다. Why don't you를 빨리 읽으면 [와이 돈츄]처럼 발음되므로 주의하세요.

| 패턴 35
연습하기 | ~해 보여요. |

○ 빈칸에 아래 단어를 넣어 말해 보세요. 🎧 18-2

You look ▯▯▯.
▯▯▯해 보여요.

| young[1] 영 젊은, 어린  | happy 해피 행복한  | sad 쌔드 슬픈  |
| healthy 헬띠 건강한  | sleepy 슬리피 졸린  | depressed[2] 디프레쓰트 우울한  |

1 young 상대방의 모습을 보고 '정말 젊어 보여요'라고 말하려면 You look so young.[유 룩 쏘우 영]처럼 표현합니다. 뒤에 '나이에 비해'라는 뜻의 for your age[포 유어 에이쥐]를 넣어 말할 수도 있습니다.

2 depressed 형용사 중에는 동사 끝에 ed가 붙는 형태도 있습니다. depress[디프레쓰: 우울하게 만들다]에 ed를 붙여 '우울한'을 depressed[디프레쓰트]라고 하는데, 마치 마음이 아래로(de) 눌려진(pressed) 상태를 말하는 거죠.

| 패턴 36
연습하기 | ~하는 게 어때요? |

○ 빈칸에 아래 단어를 넣어 말해 보세요. 🎧 18-3

Why don't you ☐?
☐ 하는 게 어때요?

call him
컬 힘
그에게 전화하다

try it on[1]
트라이 잇 언
그걸 입어 보다

go to the hospital
고우 투 더 하쓰피틀
병원에 가다

take some medicine[2]
테익 썸 메더쓴
약을 먹다

1 try it on 동사 try[트라이]는 원래 '시도하다'란 뜻인데, 마음에 드는 옷이나 신발을 사기 전에 '입어 보다, 신어 보다'라고 할 때 try on[트라이 언]을 씁니다. 옷과 신발은 몸 위에 걸치는 것이기에 '~위에'를 뜻하는 전치사 on[언]이 필요합니다.

2 take some medicine 영어에서는 '약을 먹다'라고 할 때 동사 eat[잇: 먹다]이 아니라 take[테익]을 씁니다. take an aspirin[테익 언 애쓰퍼린: 아스피린을 먹다], take a sleeping pill[테익 어 슬리핑 필: 수면제를 먹다]도 마찬가지입니다.

대화하기 아플 때는 빨리 병원으로!

🎧 다음 대화를 듣고 따라 말해 보세요. 18-4

상태가 안 좋아 보이는 수호를 보고 걱정이 된 제인이 물어봅니다.

제인 **Are you okay? You look a little pale.**
아 유 오우케이 유 룩 어 리틀 페일
a little 조금

수호 I don't feel well. I have a headache.
아이 도운트 필 웰 아이 해브 어 헤데이크
headache 두통

제인 **Why don't you see a doctor?**
와이 도운트 유 씨 어 닥터

수호 I wish I could, but I can't.
아이 위쉬 아이 쿠드 벗 아이 캔트
wish ~이면 좋겠다

제인 Why not?
와이 낫

수호 I have to work today.
아이 해브 투 워크 투데이

제인 Then **why don't you** take some medicine?
덴 와이 도운트 유 테익 썸 메더쓴

수호 That's a good idea.
댓쓰 어 굿 아이디어

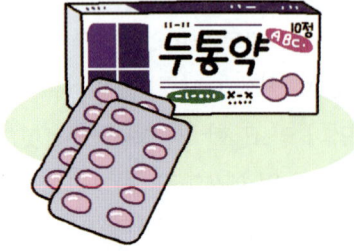

제인	괜찮아요? 좀 창백해 보여요.
수호	컨디션이 안 좋아요. 머리가 아프거든요.
제인	병원에 가는 게 어때요?
수호	그러고는 싶지만, 안 돼요.
제인	왜요?
수호	오늘 일해야 돼요.
제인	그럼 약을 먹는 게 어때요?
수호	좋은 생각이네요.

확인하기 18 건강과 질병

정답 232쪽

A 빈칸에 들어갈 알맞은 단어를 보기에서 찾아 쓰세요.

> 보기   look   see   okay   cold

① 괜찮아요? 창백해 보여요
   Are you _____ ? You _____ pale.

② 감기 걸린 것 같아요.
   I think I have a _____ .

③ 병원에 가는 게 어때요?
   Why don't you _____ a doctor?

B 보기에서 알맞은 표현을 찾아 다음 문장을 완성하세요.

> 보기   take some medicine   happy
>   try it on   depressed

① 행복해 보여요.
   You look _____ .

② 우울해 보여요.
   You look _____ .

③ 약을 먹는 게 어때요?
   Why don't you _____ ?

④ 그걸 입어 보는 게 어때요?
   Why don't you _____ ?

> 더 말해보기 **콧물이 나와요.**

○ 다음 문장을 듣고 따라 말해 보세요. 🎧 18-5

감기 증상 말하기

I have a fever. 열이 나요.
아이 해브   어   피버

I have a runny nose. 콧물이 나와요.
아이 해브   어   러니   노우즈

I have a stuffy nose. 코가 막혀요.
아이 해브   어   스터피   노우즈

I have a sore throat. 목이 아파요.
아이 해브   어   쏘어   뜨로웃

■ 질병에 걸린 것을 나타낼 때 동사 have를 써서 병을 갖고 있다고 표현합니다. 그래서 '감기에 걸리다'도 have a cold[해브 어 코울드]라고 하지요.

아픈 곳 말하기

I have a toothache. 이가 아파요.
아이 해브   어   투뜨에이크

■ 명사 tooth[투뜨]는 '이', ache[에이크]는 '통증'을 뜻하는데요, toothache는 '이가 아픈 것', 즉 '치통'을 뜻합니다. 참고로 earache[이어에이크]는 '귀가 아픈 것, 귓병', headache[헤데이크]는 '머리가 아픈 것, 두통'을 말합니다.

I have a rash. 두드러기가 났어요.
아이 해브   어   래쉬

I feel sick. 토할 것 같아요.
아이 필   씩

I'm dizzy. 어지러워요.
아임   디지

I have some pain in my back. 허리에 통증이 있어요.
아이 해브   썸   페인   인   마이   백

생활 속 콩글리시를 찾아라!

질병과 치료

우리가 병원에서 흔히 쓰는 용어 중에도 콩글리시가 많습니다.
이런 표현 중에 대표적인 콩글리시의 올바른 영어표현을 알아봅시다.

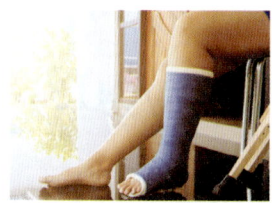

깁스 ➡ cast [캐쓰트]

팔이나 다리가 골절되면 석고 붕대를 감아 골절 부위를 고정하는데, 한국에서는 이걸 깁스, 또는 기브스라고 부릅니다. 하지만 이 단어는 독일어 Gips[깁쓰]에서 나온 것으로, 영어로는 cast[캐쓰트]라고 합니다. 앞에 '석고 반죽'이란 뜻의 plaster[플래스터]를 넣어 plaster cast[플래스터 캐쓰트]라고도 쓰지요.

밴드 ➡ Band-Aid [밴드-에이드]

상처에 붙이는 반창고를 한국에서는 보통 밴드라고 부릅니다. 하지만 band[밴드]는 '띠'를 뜻할 뿐, '반창고'란 뜻은 없습니다. 원어민들은 미국의 대표적인 상품 이름을 따서 Band-Aid[밴드-에이드]라고 말해요. aid[에이드]는 '도움'을 의미하는데, 띠 모양으로 생긴 밴드가 상처를 감싸 낫는 걸 도와준다는 점을 생각하면 이해하기 쉬운 이름이에요.

오바이트하다 ➡ vomit [봐밋] / throw up [쓰로우 업]

속이 메스껍거나 과음했을 때 오바이트할 것 같다고 하죠. overeat[오우버잇]을 일본식으로 발음하다 보니 '오바이트'가 된 것인데, 이 단어에는 '과식하다'라는 뜻만 있습니다. '토하다'라는 뜻의 동사는 영어로 vomit[봐밋]입니다. 또는, 토하는 것을 마치 위 속에 있는 음식물을 위로(up) 던진다고(throw) 비유해서 throw up[쓰로우 업]이라는 표현도 씁니다.

애완동물
Pets

● 다음 대화를 듣고 따라 말해 보세요. 🎧 19-1

수호 **Jane, do you have any pets?**
쉐인 두 유 해브 애니 펫츠

제인 **Yes, I have a cat. What about you?**
예쓰 아이 해브 어 캣 왓 어바웃 유

수호 **I don't have any pets. I'm allergic to fur.**
아이 도운트 해브 애니 펫츠 아임 얼러쥑
투 퍼

제인 **Oh, that's too bad.**
오우 댓쓰 투 배드

패턴 37 **Do you have any + 명사 ?**
~가 있어요?

Do you have any[두 유 해브 애니] + 명사?는 '~가 있어요?'라는 뜻이에요. any[애니]는 의문문에서 '얼마 간의'라는 뜻을 갖는데 굳이 해석할 필요는 없습니다. 뒤에는 명사가 오는데 pet[펫: 애완동물]처럼 하나, 둘을 셀 수 있는 명사가 올 때는 pets[펫츠]처럼 복수 형태로 써야 합니다.

패턴 37 **애완동물이 있어요?**

패턴 38 **난 애완동물이 전혀 없어요.**

● 요즘에는 애완동물을 마치 가족처럼 여겨서 '반려동물'이라고 많이 부르죠. 키우고 있는 애완동물이 있는지 물어보고 자신이 어떤 동물을 키우는지도 말해 봅시다.

수호: 제인, 애완동물이 있어요?

제인: 네, 고양이가 있어요. 당신은요?

수호: 난 애완동물이 전혀 없어요.
동물 털에 알레르기가 있거든요.

제인: 오, 안됐군요.

새로 나온 단어

pet [펫] 애완동물
cat [캣] 고양이
allergic [얼러쥑] 알레르기가 있는
fur [퍼] 동물의 털
bad [배드] 나쁜, 좋지 않은

💡 상대방으로부터 안 좋은 얘기나 소식을 들었을 때 That's too bad.처럼 말하며 맞장구칠 수 있습니다. '너무 나쁘네요'란 뜻이 아니라 '안됐군요', '유감이군요'라는 의미입니다.

패턴 38 **I don't have any + 명사 .**
난 ~가 전혀 없어요.

자신에게 뭔가가 없다고 얘기할 때 I don't have any[아이 도운트 해브 애니] + 명사. 패턴으로 말합니다. '난 ~가 전혀 없어요'란 뜻입니다. 부정문의 any[애니]는 '어느 것도 (~않다)'라는 뜻인데, '어느 것도(any) 가지고 있지 않다(don't have)'는 거니까 전혀 없다는 뜻이 되죠. not ~ any[낫 ~ 애니]를 no[노우]라고도 하므로 I have no[아이 해브 노우] + 명사.로 표현할 수도 있어요.

패턴 37 연습하기

~가 있어요?

● 빈칸에 아래 단어를 넣어 말해 보세요. 🎧 19-2

Do you have any ☐?
☐ 가 있어요?

dogs 도그즈 개들 	**cats** 캣츠 고양이들 	**allergies**[1] 앨러쥐즈 알레르기 
questions 쿠웨쓰쳔즈 질문 	**plans** 플랜즈 계획 	**money**[2] 머니 돈 

1 allergies   어떤 음식이나 물질에 두드러기, 가려움, 기침 등의 과민 반응을 보이는 것을 '알레르기' 또는 '알러지'라고 합니다. 이 중에서 '알레르기'는 독일식 표기법에 따른 단어이고 영어로는 allergy[앨러쥐]라고 하지요.

2 money   '돈'이란 뜻의 money[머니]는 셀 수 있는 명사라고 생각하기 쉽지만 지폐와 동전을 모두 포함하는 집합적인 개념이라 셀 수 없는 명사로 취급합니다. 한국어에서도 '백 원짜리 한 개'는 가능하지만 '돈 한 개'라고는 안 쓰지요.

패턴 38 연습하기 — 난 ~가 전혀 없어요.

● 빈칸에 아래 단어를 넣어 말해 보세요. 🎧 19-3

I don't have any _____.
난 _____가 전혀 없어요.

friends
프렌즈
친구들

hobbies
하비즈
취미

brothers
브라더즈
형제

time[1]
타임
시간

problems
프라블럼즈
문제

children[2]
췰드런
아이들, 자녀

1 time 명사 time[타임]은 '시간'입니다. '많은 시간'은 a lot of time[어 랏 어브 타임], '자유 시간'은 free time[프리 타임]이라고 말하죠.

2 children '아이'라는 뜻을 가진 child[촤일드]의 복수 형태는 끝에 s를 붙인 childs가 아니라 children[췰드런]입니다. 영어 단어 중에는 이렇게 전혀 다른 형태로 복수를 나타내는 경우가 있어요. foot[풋: 발]의 복수형 feet[핏: 발들], man[맨: 남자]의 복수형 men[멘: 남자들]처럼요.

대화하기 사랑스러운 애완동물

다음 대화를 듣고 따라 말해 보세요. 🎧 19-4

토니와 미선은 키우고 있는 애완동물에 대해 대화를 나눕니다.

토니 **Misun, do you have any pets?**
미선 두 유 해브 애니 펫츠

미선 **No, I don't have any pets. What about you?**
노우 아이 도운트 해브 애니 펫츠 왓 어바웃 유

토니 **I have a cat.**
아이 해브 어 캣

미선 **Really? Is your cat male or female?**   male 수컷 female 암컷
리얼리 이즈 유어 캣 메일 오어 피메일

토니 **It's female.**
잇쓰 피메일

미선 **What's your cat's name?**
왓쓰 유어 캣츠 네임

토니 **Her name is Ami. She's so cute!**   cute 귀여운
허 네임 이즈 아미 쉬즈 쏘우 큐웃

미선 **Wow! I'd like to have a pet, too.**
와우 아이드 라익 투 해브 어 펫 투

토니	미선, 애완동물이 있어요?
미선	아뇨, 난 애완동물이 전혀 없어요. 당신은요?
토니	난 고양이가 있어요.
미선	정말이요? 고양이가 수컷이에요, 아니면 암컷이에요?
토니	암컷이에요.
미선	고양이 이름이 뭐죠?
토니	이름은 아미예요. 아주 귀여워요!
미선	와! 나도 애완동물을 기르고 싶네요.

확인하기 19 애완동물

A 빈칸에 들어갈 알맞은 단어를 보기에서 찾아 쓰세요.

| 보기 | have | too | any | cat |

① 제인, 애완동물이 있어요?
Jane, do you have [any] pets?

② 네, 고양이가 있어요.
Yes, I [have] a [cat].

③ 오, 안됐군요.
Oh, that's [too] bad.

B 보기에서 알맞은 표현을 찾아 다음 문장을 완성하세요.

| 보기 | time | dogs |
| | allergies | brothers |

① 개가 있어요?
Do you have any [dogs]?

② 알레르기가 있어요?
Do you have any [allergies]?

③ 난 형제가 전혀 없어요.
I don't have any [brothers].

④ 난 시간이 전혀 없어요.
I don't have any [time].

더 말해보기 : 애완동물이 몇 마리 있어요?

○ 다음 문장을 듣고 따라 말해 보세요. 🎧 19-5

애완동물에 대해 질문하기

How many pets do you have? 애완동물이 몇 마리 있어요?
하우   메니   펫츠   두 유   해브

Have you ever had a pet? 애완동물을 키워 본 적 있어요?
해브   유   애버   해드   어 펫

Would you like to have a pet? 애완동물을 키우고 싶어요?
우드   유   라익   투   해브   어 펫

상대방의 애완동물에 대해 말하기

What's the name of your dog? 당신 개의 이름이 뭐예요?
왓쓰   더   네임   어브 유어   독

↳ **Her[His] name is Jam.** 이름은 잼이에요.
  허   히즈   네임   이즈 잼
  ■ 요즘에는 애완동물을 사람처럼 친근하게 여기므로 개가 암컷일 때는 her(그녀의), 수컷일 때는 his(그의)를 써서 답하면 됩니다.

What breed is your dog? 당신 개는 무슨 종인가요?
왓   브리드   이즈 유어   독

↳ **It's a poodle.** 푸들이에요.
  잇쓰   어 푸들

I like your dog. 개가 예쁘네요.
아이 라익 유어   독

Can I pet your dog? 당신 개를 쓰다듬어 줘도 될까요?
캔   아이 펫 유어   독
  ■ pet은 동사로 '~를 쓰다듬다, 어루만지다'란 뜻도 있습니다. 다른 이의 애완동물을 함부로 만지면 실례일 수 있으므로 반드시 먼저 이렇게 물어보세요.

생활 속 영어를 찾아라!

동물

요즘에는 애완동물을 제외하면 주변에서 동물 보기가 쉽지 않습니다.
농장이나 동물원에 가야만 여러 동물을 만날 수 있지요.
이번에는 대표적인 동물 이름을 영어로는 어떻게 말하는지 알아봅시다.

rabbit
래빗
토끼

duck
덕
오리

chicken
취킨
닭

cow
카우
소

monkey
멍키
원숭이

mouse
마우쓰
쥐

lion
라이언
사자

tiger
타이거
호랑이

elephant
엘러펀트
코끼리

주말 계획
Plans for the weekend

🔊 다음 대화를 듣고 따라 말해 보세요. 🎧 20-1

토니 **What are your plans for** the weekend?
왓 아 유어 플랜즈 포 더 위켄드

미션 **I'm going to** travel.
아임 고우잉 투 트래블

토니 Oh, yeah? Where are you going?
오우 예 웨어 아 유 고우잉

미션 To Busan.
투 부산

패턴 39 **What are your plans for +** 명사 **?**
~의 계획은 뭐예요?

상대방이 가지고 있는 앞으로의 계획을 묻고 싶을 때 사용하는 패턴이 What are your plans for[왓 아 유어 플랜즈 포] + 명사?입니다. for는 '~를 위한'이란 뜻이니까 '~의(~을 위한) 계획은 뭐예요?'라는 의미지요. plan[플랜]은 명사로는 '계획', 동사로는 '계획하다'란 뜻인데 여기서는 명사로 쓰였습니다.

패턴 39 주말 계획은 뭐예요?

패턴 40 여행할 거예요.

○ 상대방에게 주말에 뭘 할지 물어봅시다.
내가 어떤 계획을 갖고 있는지도 구체적으로 이야기해 봅시다.

토니   주말 계획은 뭐예요?

미선   여행할 거예요.

토니   오, 그래요? 어디 가는데요?

미선   부산이요.

새로 나온 단어

plan [플랜] 계획, 계획하다
weekend [위켄드] 주말
be going to [비 고우잉 투]
~할 것이다
travel [트래블] 여행하다
Oh, yeah? [오우, 예]
오, 그래요? / 오, 정말이요?
where [웨어] 어디
to [투] ~으로

'주말'을 뜻하는 weekend는 '한 주'를 나타내는 week[윅]과 '끝'을 나타내는 end[엔드]를 합친 단어예요.

패턴 40 **I'm going to + 동사 .**
       ~할 거예요.

미래에 즉흥적으로 할 일을 언급할 때는 will[윌]을 쓰지만 이미 미래에 할 일을 결정한 상태일 때는 be going to[비 고우잉 투]를 사용합니다. 주어에 따라 be는 am[앰], are[아], is[이즈]로 바뀝니다. 따라서 '~할 거예요'라고 나의 예정된 미래를 말할 때는 I am[I'm]을 써서 I'm going to[아임 고우잉 투] + 동사.로 말합니다. 만약 뒤에 장소 명사를 쓰면 현재진행형이 되어 '~로 가는 중이야' 또는 '~에 갈 거야'라는 뜻이 되지요.

패턴 39 연습하기

~의 계획은 뭐예요?

○ 빈칸에 아래 단어를 넣어 말해 보세요. 🎧 20-2

What are your plans for ☐ ?
☐ 의 계획은 뭐예요?

tonight[1]
투나잇
오늘 밤

tomorrow
투마로우
내일

the summer vacation
더 써머 붸이케이션
여름 휴가, 여름 방학

the holidays[2]
더 할러데이즈
연말연시

1 tonight night[나잇]은 '밤'을 뜻하는데, '어젯밤'은 last night[래쓰트 나잇], '내일 밤'은 tomorrow night[투마로우 나잇]이라고 합니다.

2 the holidays 명사 holiday[할러데이]는 공공기관과 회사, 학교가 쉬는 '공휴일'을 뜻하는데요, 미국에서는 크리스마스부터 새해에 걸쳐 지내는 연말연시의 긴 연휴를 holidays[할러데이즈]라고 부릅니다. 그래서 '즐거운 연말연시 보내세요!'란 인사도 Happy Holidays![해피 할러데이즈]라고 하지요.

패턴 40 연습하기 ~할 거예요.

○ 빈칸에 아래 단어를 넣어 말해 보세요. 🎧 20-3

I'm going to ☐.
☐ 할 거예요.

meet my friends
밋 마이 프렌즈
친구들을 만나다

move out[1]
무브 아웃
이사 나가다

see a play
씨 어 플레이
연극을 보다

get some rest[2]
겟 썸 레쓰트
휴식을 취하다

1 move out 동사 move[무브]는 '이사하다'란 뜻인데, 뒤에 '밖으로'를 뜻하는 out[아웃]을 쓰면 '(살던 집에서) 이사 나가다'란 뜻이 됩니다. 반대로 '이사 오다'는 move in[무브 인]입니다.

2 get some rest break[브레익]은 일하다가 중간에 잠깐 쉬는 '휴식'을 뜻하지만, rest[레쓰트]는 아무 것도 하지 않는 '휴식'을 뜻합니다. '휴식을 취하다'라고 할 때는 get some rest[겟 썸 레쓰트] 또는 have a rest[해브 어 레쓰트]를 쓸 수 있습니다.

대화하기 즐거운 주말 계획

🔵 다음 대화를 듣고 따라 말해 보세요. 🎧 20-4

즐거운 금요일 저녁, 제인과 수호는 주말에 세운 계획에 대해 대화를 나눕니다.

제인　**Finally it's Friday!**　　　　　　　　　　　**finally** 마침내　**Friday** 금요일
　　　파이널리　잇쓰　프라이데이

수호　**Yeah, I always love Friday.**　　　　　　　　　　　**always** 항상
　　　예　아이 얼웨이즈　러브　프라이데이

제인　**What are your plans for the weekend?**
　　　왓　아　유어　플랜즈　포　더　위켄드

수호　**I'm going to travel.**
　　　아임　고우잉　투　트래블

제인　**Oh, yeah? Where are you going?**
　　　오우　예　웨어　아　유　고우잉

수호　**To Jeju Island.**　　　　　　　　　　　　　　　　　**island** 섬
　　　투　제주　아일랜드

제인　**With your wife?**
　　　위드　유어　와이프

수호　**Yes, that's right. I'm so excited about it.**　　**excited** 신나는
　　　예쓰　댓쓰　라잇　아임　쏘우　익싸이티드　어바웃　잇

제인	드디어 금요일이네요!
수호	네, 난 항상 금요일이 정말 좋아요.
제인	**주말 계획은 뭐예요?**
수호	**여행할 거예요.**
제인	오, 그래요? 어디 가는데요?
수호	제주도요.
제인	당신의 아내와 함께요?
수호	네, 맞아요. 정말 신나요.

확인하기 20 주말 계획

정답 233쪽

A 빈칸에 들어갈 알맞은 단어를 보기에서 찾아 쓰세요. (문장의 첫 글자는 대문자로 쓰세요.)

보기	travel	plans	where	weekend

① 주말 계획은 뭐예요?
What are your _____ for the _____?

② 여행할 거예요.
I'm going to _____.

③ 어디 가는데요?
_____ are you going?

B 보기에서 알맞은 표현을 찾아 다음 문장을 완성하세요.

보기	get some rest	tonight
	move out	the summer vacation

① 오늘 밤 계획은 뭐예요?
What are your plans for _____?

② 여름 휴가 계획은 뭐예요?
What are your plans for _____?

③ 난 휴식을 취할 거예요.
I'm going to _____.

④ 난 이사 나갈 거예요.
I'm going to _____.

181

더 말해보기   즐거운 주말 보내요.

○ 다음 문장을 듣고 따라 말해 보세요. 🎧 20-5

주말 계획 말하기

I'm planning to watch a movie. 영화를 볼 계획이에요.
아임   플래닝   투 와취   어 무비

I plan to go camping. 캠핑을 갈 계획이에요.
아이 플랜   투   고우   캠핑

- plan은 동사로는 '계획하다'란 뜻이에요. '~할 계획이다'라고 앞으로의 계획을 이야기할 때 I plan to + 동사, 또는 I'm planning to + 동사,로 말할 수 있습니다. I'm planning을 쓰면 계획 중이라는 사실을 더 강조할 수 있어요.

I'm having a party this weekend. 이번 주말에 파티를 열 거예요.
아임   해빙   어 파티   디쓰   위켄드

- 'be동사 + 동사ing'의 형태로 가까운 미래를 나타낼 수도 있습니다. 특히 파티나 회의처럼 다른 사람과 계획되어 있는 약속을 이야기할 때 이렇게 쓸 수 있습니다.

I'll just stay home. 그냥 집에 있을 거예요.
아일   저쓰트   스테이   호움

I have no plans. 아무 계획도 없어요.
아이 해브   노우   플랜즈

주말 인사

Have a nice[good] weekend. 즐거운 주말 보내요.
해브   어 나이쓰 굿   위켄드

- 즐거운 주말, 즐거운 하루 등 '~를 즐겁게 보내요'라고 인사할 때 동사 have를 씁니다. '즐거운 하루 보내요'도 Have a nice day.라고 하고 '즐거운 시간 보내요'도 Have a good time.이라고 하지요.

Enjoy the weekend. 주말 잘 보내요.
인조이   더   위켄드

See you Monday. 월요일에 봐요.
씨   유   먼데이

생활 속 콩글리시를 찾아라!

생활용품

우리가 일상생활에서 쓰는 물건 중에도 콩글리시가 많이 있습니다.
영어로는 어떤 단어를 써야 맞는지 살펴볼까요?

키친타월 ➡ paper towel [페이퍼 타우얼]

부엌에서 싱크대의 물기를 닦을 때나 팬의 기름을 닦아낼 때 키친타월을 많이 쓰는데요, kitchen[키췬]은 '부엌', towel[타우얼]은 '수건'이란 뜻이기 때문에 kitchen towel[키췬 타우얼]은 말 그대로 '부엌에서 쓰는 수건'을 뜻합니다. 이때는 '종이'를 뜻하는 paper[페이퍼]를 써서 paper towel[페이퍼 타우얼: 종이 수건]라고 해야 올바른 표현이에요.

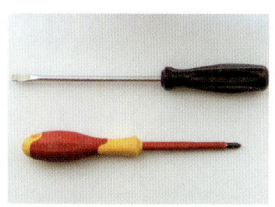

드라이버 ➡ screwdriver [스크루드라이버]

나사를 조이거나 풀 때 필요한 공구를 드라이버라고 하죠. 하지만 영어단어 driver[드라이버]는 '운전자' 또는 '골프채'를 뜻할 뿐입니다. '나사돌리개'를 뜻하는 영어단어는 screwdriver[스크루드라이버]입니다. '나사'란 뜻의 명사 screw[스크루]를 꼭 앞에 넣어 말해야 하죠.

행거 ➡ clothes rack [클로우즈 랙]

봉에 옷을 거는 형태의 문짝 없는 옷장을 한국에서는 흔히 행거라고 부릅니다. 하지만 hanger[행어]는 '옷걸이'라는 뜻이기 때문에 실제로는 clothes rack[클로우즈 랙]이라고 해야 맞는 표현입니다. clothes[클로우즈]는 '의복, 옷'이란 뜻이며 rack[랙]은 '선반, 걸이'를 뜻하는 단어지요.

21 물건 찾기
Finding things

○ 다음 대화를 듣고 따라 말해 보세요. 🎧 21-1

제인 **Where is my** phone?
웨어   이즈 마이   포운

수호 Maybe **it is** in your bag.
메이비   잇 이즈 인 유어   백

제인 No, **it isn't**.
노우   잇   이즌트

수호 Look! **It is** on the table.
룩   잇 이즈 언   더   테이블

패턴 41 **Where is my +** 명사 **?**
　　　　내 ~는 어디에 있어요?

물건의 위치를 물어볼 때 제일 쉽게 입 밖으로 나올 수 있는 패턴이 Where is[웨어 이즈]+명사?입니다. 명사 앞에 소유격 my[마이: 나의]를 넣으면 '내 ~는 어디에 있어요?'하고 내 소지품이 어디 있는지 물어볼 수 있지요. 명사 자리에는 자신이 찾고 있는 물건을 넣거나 때로는 찾고 있는 사람을 넣어 표현할 수도 있습니다.

| 패턴 41 | **내 전화기가 어디 있죠?** |
| 패턴 42 | **테이블 위에 있네요.** |

○ 늘 쓰는 물건이라도 어디 뒀는지 생각나지 않을 때가 많죠.
자신이 찾고 있는 물건의 위치를 물어보고 어디에 있는지도 말해 봅시다.

제인   내 전화기가 어디 있죠?

수호   아마도 당신의 가방 안에 있을 거예요.

제인   아니요, 없어요.

수호   봐요! 테이블 위에 있네요.

새로 나온 단어

phone [포운] 전화기
maybe [메이비] 아마도
in [인] ~안에
bag [백] 가방
look [룩] 보다
on [언] ~위에
table [테이블] 테이블, 식탁

동사로 문장을 시작하면 명령문이 됩니다. 상대방에게 뭔가를 쳐다보라는 의미로 '봐요!'라고 할 때 Look!이라고 말합니다.

| 패턴 42 | **It is +** 전치사 **+** 명사 **.**
(그것은) ~에 있어요.

물건 따위의 위치를 말할 때 It is[잇 이즈] + 전치사 + 명사.로 표현합니다. '(그것은) ~에 있어요'란 뜻이지요. 위치를 나타내는 전치사 중에는 on[언: ~위에]이나 behind[비하인드: ~뒤에]처럼 한 단어로 된 전치사도 있지만, next to[넥쓰트 투: ~옆에], in front of[인 프런트 어브: ~앞에]처럼 여러 단어로 이루어진 전치사구도 있습니다.

패턴 41 연습하기 : 내 ~는 어디에 있어요?

○ 빈칸에 아래 단어를 넣어 말해 보세요. 🎧 21-2

Where is my _____?
내 _____는 어디에 있어요?

bag
백
가방

suitcase[1]
쑤웃케이쓰
여행 가방

wallet
왈릿
지갑

dictionary
딕셔네리
사전

watch
와취
시계

passport[2]
패쓰포트
여권

1 suitcase 손잡이가 달려 있고 주로 직사각형 형태인 여행 가방을 suitcase[쑤웃케이쓰]라고 합니다. suit[쑤웃]은 '정장'이란 뜻이고, case[케이쓰]는 '용기, 상자'를 말하죠. 말 그대로 정장이 들어가는 상자라고 생각하고 외우면 쉽습니다.

2 passport 옛날에는 배를 타고 항구를 통과해 외국에 들어갔습니다. 그래서 '통과하다'란 뜻의 pass[패쓰]와 '항구'라는 뜻인 port[포트]를 합친 passport[패쓰포트: 여권]가 외국 갈 때 꼭 필요한 신분증명서를 나타내는 단어가 되었지요.

패턴 42 연습하기 — (그것은) ~에 있어요.

○ 빈칸에 아래 단어를 넣어 말해 보세요. 🎧 21-3

It is ☐ .
(그것은) ☐ 에 있어요.

under the table
언더 더 테이블
테이블 아래에

on the shelf
언 더 쉘프
선반 위에

behind the chair
비하인드 더 췌어
의자 뒤에

in my pocket
인 마이 파킷
내 주머니 안에

■ **under/on/behind/in** 명사 앞에 나와서 위치, 방향, 시간 등을 나타내는 말을 전치사라고 합니다. 위치를 나타내는 전치사는 다양한데요, under[언더]는 '~아래에', on[언]은 '~위에', behind[비하인드]는 '~뒤에', in[인]은 '~안에'라는 뜻입니다. '전치사 + 명사' 형태로 쓸 때 명사 앞에는 정관사 the[더]가 들어가는 경우가 많은데, 말하는 사람과 듣는 사람이 모두 알고 있는 사물 앞에 붙는 것으로 굳이 뜻을 해석할 필요는 없습니다.

대화하기 여행 가방을 찾아라!

🎧 다음 대화를 듣고 따라 말해 보세요. 21-4

제인과 토니가 휴일을 맞이해 놀러 가기로 했는데 여행 가방이 보이지 않네요.

토니 **Hurry up! We will miss the train!** miss 놓치다 train 기차
　　 허리　업　위　월　미쓰　더　트레인

제인 **Tony, where is my suitcase?**
　　 토우니　웨어　이즈 마이　쑤웃케이쓰

토니 **I think it's on the sofa.** sofa 소파
　　 아이 띵크　잇쓰　언　더　쏘우파

제인 **No, it isn't.**
　　 노우　잇 이즌트

토니 **Maybe it is under the desk.** desk 책상
　　 메이비　잇 이즈 언더　더　데쓰크

제인 **No, I can't find it anywhere.**
　　 노우　아이 캔트　파인드　잇 애니웨어

토니 **Oh, look! It is on the table over there.**
　　 오우　룩　잇 이즈 언　더　테이블　오우버　데어

제인 **Ah, now I remember. Thank you.** remember 기억하다
　　 아　나우　아이 리멤버　땡큐

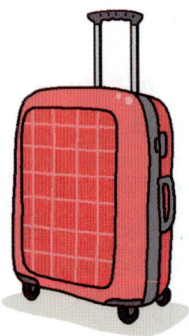

토니	서둘러요! 기차 놓치겠어요!
제인	토니, 내 여행 가방이 어딨죠?
토니	소파 위에 있을 거 같은데요.
제인	아니요, 없어요.
토니	아마도 **책상 아래에 있을 거예요.**
제인	아니요, 어디에서도 여행 가방을 찾을 수가 없어요.
토니	오, 봐요! **저쪽 테이블 위에 있네요.**
제인	아, 이제 기억나네요. 고마워요.

확인하기 21 물건 찾기

정답 234쪽

A 빈칸에 들어갈 알맞은 단어를 보기에서 찾아 쓰세요. (문장의 첫 글자는 대문자로 쓰세요.)

| 보기 | in | table | where | phone |

① 내 전화기가 어디 있죠?

　　[　　] is my [　　]?

② 아마도 당신의 가방 안에 있을 거예요.

　　Maybe it is [　　] your bag.

③ 봐요! 테이블 위에 있네요.

　　Look! It is on the [　　].

B 보기에서 알맞은 표현을 찾아 다음 문장을 완성하세요.

| 보기 | behind the chair　　bag |
| | on the shelf　　passport |

① 내 가방 어디 있어요?

　　Where is my [　　]?

② 내 여권은 어디 있어요?

　　Where is my [　　]?

③ 그건 의자 뒤에 있어요.

　　It is [　　].

④ 그건 선반 위에 있어요.

　　It is [　　].

더 말해보기 내 지갑을 못 찾겠어요.

○ 다음 문장을 듣고 따라 말해 보세요. 🎧 21-5

잃어버린 물건 찾기

Do you know where my phone is? 내 전화 어디 있는지 알아요?
두 유 노우 웨어 마이 포운 이즈

I'm looking for my watch. 제 시계를 찾고 있어요.
아임 룩킹 포 마이 와취

I can't find my wallet. 내 지갑을 못 찾겠어요.
아이 캔트 파인드 마이 왈릿

I lost my passport. 여권을 잃어버렸어요.
아이 러쓰트 마이 패쓰포트

■ lost는 동사 lose(잃어버리다)의 과거형입니다. 물건을 잃어버렸을 때 I lost my + 명사. 패턴으로 말할 수 있습니다.

물건의 위치 말하기

It is next to the desk. 책상 옆에 있어요.
잇 이즈 넥쓰트 투 더 데쓰크

It is in front of the door. 문 앞에 있어요.
잇 이즈 인 프런트 어브 더 도어

It is between the table and the sofa.
잇 이즈 비트윈 더 테이블 앤 더 쏘우파
테이블과 소파 사이에 있어요.

■ between은 '사이에'를 뜻하는 전치사로, between A and B는 'A와 B 사이에'라는 뜻입니다.

It is above the bed. 침대 위에 있어요.
잇 이즈 어버브 더 베드

■ above도 on과 마찬가지로 '~위에'라는 뜻이지만, 표면과 맞닿아 있지 않고 떨어져 있는 것을 의미합니다. 예를 들어 시계가 침대 머리맡 벽에 붙어 있을 때 above를 써서 말할 수 있습니다.

생활 속 영어를 찾아라! 🎧 21-6

물건

다양한 물건 이름을 영어로 알아두면 말할 때 도움이 됩니다.
우리 주변에서 흔히 볼 수 있는 물건을 영어로 어떻게 부르는지 알아봅시다.

map
맵
지도

box
박쓰
상자

hammer
해머
망치

eraser
이레이써
지우개

pencil
펜쓸
연필

backpack
백팩
배낭

magazine
매거진
잡지

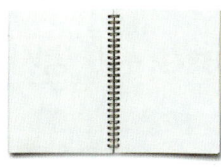
notebook
노웃북
공책, 수첩

newspaper
누즈페이퍼
신문

22 길 찾기

Asking directions

○ 다음 대화를 듣고 따라 말해 보세요. 22-1

토니 **Where can I find** an ATM?
웨어   캔   아이 파인드   언   에이티엠

미션 **There is** one near here.
데어   이즈   원   니어   히어

토니 **Can you please** take me there?
캔   유   플리즈   테익   미   데어

미션 No problem. Let's go.
노우   프라블럼   렛쓰   고우

패턴 43 **Where can I find +** 명사 **?**
어디서 ~를 찾을 수 있어요?

내가 찾는 물건의 위치나 장소를 물어볼 때는 Where can I find[웨어 캔 아이 파인드] + 명사?로 말하면 됩니다. '어디서 ~를 찾을 수 있어요?'라는 뜻이지요. 명사 자리에 자신이 찾고 싶은 물건이나 장소를 넣어 말하면 되죠. 물론 간단하게 앞에서 배운 Where is[웨어 이즈] + 명사?로 말할 수도 있습니다.

| 패턴 43 | 어디서 자동현금인출기를 찾을 수 있나요?
| 패턴 44 | 절 좀 거기에 데려다 줄래요?

○ 낯선 곳에 가면 길을 잃고 헤매기 쉽습니다.
이때 내가 찾는 곳이 어디인지 물어보고 길 안내도 부탁해 봅시다.

토니   어디서 자동현금인출기를 찾을 수 있나요?

미선   이 근처에 하나 있어요.

토니   절 좀 거기에 데려다 줄래요?

미선   물론이죠. 자 갑시다.

새로 나온 단어

find [파인드] 찾다

ATM [에이티엠] 자동현금인출기

There is [데어 이즈] ~가 있다

near here [니어 히어] 이 근처에

take [테익] 데리고 가다

there [데어] 거기, 그곳

은행이나 편의점에서 많이 볼 수 있는 ATM은 automatic teller machine [오토매틱 텔러 머쉰]의 약자입니다. '자동식의 금전 출납 기계'란 뜻이죠.

| 패턴 44 | **Can you please + 동사 ?**
~해 줄래요?

상대방에게 뭔가를 부탁하고자 할 때 Can you please[캔 유 플리즈] + 동사? 패턴으로 말할 수 있습니다. '~해 줄래요?'라는 의미입니다. 그냥 Can you[캔 유] + 동사?로만 말하면 다소 퉁명스럽게 들릴 수가 있어요. 내가 필요해서 어쩔 수 없이 상대방의 도움을 요청할 때는 please[플리즈]까지 넣어 좀 더 공손하게 말하는 것이 좋습니다.

패턴 43 연습하기 어디서 ~를 찾을 수 있어요?

○ 빈칸에 아래 단어를 넣어 말해 보세요. 22-2

Where can I find ☐?
어디서 ☐를 찾을 수 있어요?

the post office
더 포쓰트 어퓌쓰
우체국

the taxi stand[1]
더 택씨 스탠드
택시 승차장

the restroom[2]
더 레쓰트룸
화장실

a payphone
어 페이포운
공중전화

1 the taxi stand 택시를 탈 수 있는 '택시 승차장'을 taxi stand[택씨 스탠드]라고 하는데요, stand[스탠드]는 동사로는 '서다'란 뜻인데 명사로는 '정류장, 승차장'이란 뜻이 있습니다. 한편 '버스 정류장'은 bus stop[버쓰 스탑]이라고 하지요.

2 the restroom 미국에서는 공공장소에 있는 '화장실'을 restroom[레쓰트룸]이라고 하지만 영국에서는 toilet[토일릿]이라고 합니다. 하지만 미국에서 toilet[토일릿]은 '변기'라는 뜻이니 주의하세요.

패턴 44 연습하기 ~해 줄래요?

● 빈칸에 아래 단어를 넣어 말해 보세요. 🎧 22-3

Can you please ☐?
☐ 해 줄래요?

close the door
클로우즈 더 도어
문을 닫다

open the window
오우픈 더 윈도우
창문을 열다

wait here
웨잇 히어
여기서 기다리다

show me around[1]
쇼우 미 어라운드
나에게 구경시켜 주다

1 show me around show ~ around[쇼우 ~ 어라운드]는 '~에게 둘러보도록 안내하다, ~에게 구경시켜 주다'라는 의미입니다. 처음 찾아간 곳이 낯설어서 동행한 일행에게 도움을 요청할 때 Can you please show me around?[캔 유 플리즈 쇼우 미 어라운드]라고 말하면 됩니다. '나에게 안내해 줄래요?', '나에게 구경시켜 줄래요?'란 뜻이지요.

대화하기 도서관은 어디일까?

🎧 다음 대화를 듣고 따라 말해 보세요. 22-4

길을 걷던 제인이 수호에게 도서관이 어디인지 물어봅니다.

제인 Suho, do you know this area well?
수호 두 유 노우 디쓰 에어리어 웰

수호 Yes, I do. It is my hometown.
예쓰 아이 두 잇 이즈 마이 호움타운

hometown 고향

제인 Good. **Where can I find the library?**
굿 웨어 캔 아이 파인드 더 라이브러리

library 도서관

수호 There is one near here.
데어 이즈 원 니어 히어

제인 Oh, really? How far is it from here?
오우 리얼리 하우 파 이즈 잇 프럼 히어

far 멀리

수호 It's within walking distance.
잇쓰 위딘 워킹 디쓰턴쓰

walking 걷기 **distance** 거리

제인 **Can you please take me there?**
캔 유 플리즈 테익 미 데어

수호 No problem. Let's go.
노우 프라블럼 렛쓰 고우

제인	수호, 이 지역 잘 알아요?
수호	물론이죠. 이곳이 제 고향이거든요.
제인	잘됐네요. **어디서 도서관을 찾을 수 있어요?**
수호	이 근처에 하나 있어요.
제인	오, 정말요? 여기서 얼마나 멀어요?
수호	걸어갈 수 있는 거리예요.
제인	**절 좀 거기에 데려다 줄래요?**
수호	물론이죠. 자 갑시다.

확인하기 22 길 찾기

정답 234쪽

A 빈칸에 들어갈 알맞은 단어를 보기에서 찾아 쓰세요.

| 보기 | please | near | problem | there |

① 이 근처에 하나 있어요.
There is one _____ here.

② 절 좀 거기에 데려다 줄래요?
Can you _____ take me _____ ?

③ 물론이죠.
No _____ .

B 보기에서 알맞은 표현을 찾아 다음 문장을 완성하세요.

| 보기 | the post office   show me around |
| | open the window   the restroom |

① 어디서 화장실을 찾을 수 있어요?
Where can I find _____ ?

② 어디서 우체국을 찾을 수 있죠?
Where can I find _____ ?

③ 나에게 구경시켜 줄래요?
Can you please _____ ?

④ 창문을 열어 주시겠어요?
Can you please _____ ?

더 말해보기: 택시 정류장은 어디에 있어요?

● 다음 문장을 듣고 따라 말해 보세요. 🎧 22-5

길 물어보기

Where is the taxi stand? 택시 정류장은 어디에 있어요?
웨어   이즈 더   택씨   스탠드

How can I get to the library? 도서관까지 어떻게 가나요?
하우   캔   아이 겟   투 더   라이브러리

■ '~에 어떻게 가나요?'하고 목적지에 가는 방법을 물어볼 때 How can I get to + 장소 명사?를 활용합니다. get to가 '~에 도착하다'라는 의미입니다.

How long does it take to get there?
하우   렁   더즈   잇 테익   투   겟   데어

거기 도착하는 데 얼마나 걸려요?

↳ **It takes about 10 minutes on foot.** 걸어서 10분쯤 걸려요.
잇 테익쓰   어바웃   텐   미닛츠   언 풋

길 알려주기

Go straight and turn left at the corner.
고우   스트레잇   앤   턴   레프트 앳 더   코너

직진해서 모퉁이에서 좌회전하세요.

It's on your left[right]. 왼쪽[오른쪽]에 있어요.
잇쓰   언   유어   레프트 라잇

Please follow me. 절 따라오세요.
플리즈   팔로우   미

You can't miss it. 쉽게 찾을 수 있을 거예요.
유   캔트   미쓰   잇

■ 동사 miss는 '놓치다'란 뜻이므로 직역하면 '당신은 그것을 놓칠 수가 없어요'란 말이에요. 놓칠 수가 없다는 얘기는 찾는 데 아무 문제가 없다는 말이므로, 결국 쉽게 찾을 수 있다는 뜻이 됩니다.

생활 속 영어를 찾아라!

장소

마을을 산책하다 보면 다양한 장소를 만날 수 있습니다.
우리 주변에서 흔히 볼 수 있는 장소를 영어로는 어떻게 말하는지 알아봅시다.

restaurant
레쓰터런트
식당

bar
바
술집

school
스쿨
학교

supermarket
쑤퍼말킷
슈퍼마켓

bookstore
북스토어
서점

fitness center
피트니쓰 쎈터
헬스클럽

gallery
갤러리
미술관

train station
트레인 스테이션
기차역

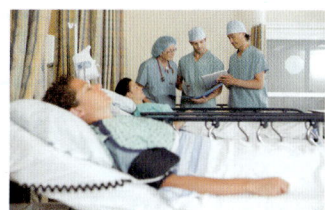
hospital
하쓰피틀
병원

23

날씨
Weather

🔊 다음 대화를 듣고 따라 말해 보세요. 🎧 23-1

제인 **How's** the weather?
　　　하우즈　　　더　　　웨더

토니 **It's** cloudy **today**.
　　　잇쓰　　클라우디　　　투데이

제인 **It's getting** colder, isn't it?
　　　잇쓰　게팅　　　코울더　　　이즌트　잇

토니 Yes, it looks like snow.
　　　예쓰　잇　룩쓰　　라익　　스노우

패턴 45　**It's +** 형용사 **+ today.**

(날씨가) 오늘은 ~해요.

영어에는 무조건 주어가 필요한데, 날씨를 얘기할 때는 주어로 '날씨'를 뜻하는 weather[웨더]가 아니라 it[잇]을 씁니다. It's[잇쓰] + 형용사 + today[투데이]. 패턴으로 '(날씨가) 오늘은 ~해요'라고 오늘 날씨가 어떤지 말할 수 있지요. 형용사 자리에는 cold[코울드: 추운], windy[윈디: 바람이 부는]처럼 날씨를 나타내는 형용사가 들어갈 수 있습니다.

패턴 45 오늘은 흐려요.

패턴 46 점점 더 추워지고 있어요.

○ 날씨에 대한 화제는 대화를 가볍게 시작하기 좋습니다.
오늘 날씨가 어떤지 말하는 표현을 익혀 봅시다.

제인 날씨가 어때요?

토니 오늘은 흐려요.

제인 점점 더 추워지고 있어요, 안 그래요?

토니 네, 눈이 내릴 것 같아요.

새로 나온 단어

weather [웨더] 날씨
cloudy [클라우디] 흐린
today [투데이] 오늘
get [겟] (어떤 상태가) 되다
colder [코울더] 더 추운
look like [룩 라익] ~할 것 같다
snow [스노우] 눈이 오다, 눈

cloud는 명사로 '구름'이라는 뜻인데, 끝에 y가 붙으면 '구름이 낀', 즉 '흐린'이란 뜻의 형용사가 됩니다.

패턴 46 **It's getting +** 형용사의 비교급 **.**

점점 더 ~해지고 있어요.

날씨를 얘기할 때 It's getting[잇쓰 게팅] + 비교급.처럼 표현할 수도 있는데요, '점점 더 ~해지고 있어요'란 뜻입니다. get은 '(어떤 상태가) 되다'라는 뜻인데, 뒤에 바로 일반 형용사를 써도 되지만 형용사의 비교급을 쓰면 '더 ~하게 되다'라는 의미가 강조됩니다. 비교급은 '더 ~한'이란 뜻을 갖는 형용사의 형태로, 주로 형용사 끝에 er을 붙여 만들지요. 예를 들어 cold[코울드: 추운]의 비교급은 colder[코울더: 더 추운]입니다.

패턴 45 연습하기: (날씨가) 오늘은 ~해요.

○ 빈칸에 아래 단어를 넣어 말해 보세요. 🎧 23-2

It's [   ] today.
(날씨가) 오늘은 [   ] 해요.

sunny 써니 화창한, 맑은

rainy[1] 레이니 비가 오는

snowy 스노우이 눈이 오는

windy[2] 윈디 바람이 부는

foggy 퍼기 안개 낀

chilly 췰리 쌀쌀한

---

1 rainy rain[레인]은 명사로는 '비', 동사로는 '비가 오다'라는 뜻인데요, 끝에 y를 붙인 rainy[레이니]는 형용사로 '비가 오는'이란 뜻이 됩니다. 만약 오늘의 전반적인 날씨가 아니라 '비가 오고 있어요'라고 지금 날씨를 말하고 싶다면 현재진행형으로 It's raining.[잇쓰 레이닝]이라고 말하면 되지요.

2 windy 미국의 도시 중 하나인 Chicago[쉬카고우]는 바람이 많이 분다고 해서 Windy City[윈디 씨티: 바람의 도시]라는 별칭으로도 불린답니다.

패턴 46 연습하기
점점 더 ~해지고 있어요.

○ 빈칸에 아래 단어를 넣어 말해 보세요. 🎧 23-3

It's getting _____.
점점 더 _____해지고 있어요.

warmer
워머
더 따뜻한

hotter[1]
하터
더 더운

cooler
쿨러
더 시원한

more humid[2]
모어 휴미드
더 습한, 더 눅눅한
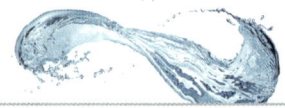

darker
다커
더 어두운

brighter
브라이터
더 밝은

1 hotter 비교급은 보통 형용사 끝에 er을 붙여 만드는데요, hot[핫: 더운]처럼 모음 하나(o)와 자음 하나(t)로 끝날 때는 끝에 자음을 하나 더 넣어 hotter[하터]처럼 씁니다.

2 more humid 단어 앞에 more[모어: 더]를 붙여 비교급을 만드는 경우도 있습니다. 주로 beautiful[뷰티풀: 아름다운], wonderful[원더풀: 멋진] 같은 2음절 이상의 긴 단어들이 그렇지요, humid[휴미드: 날씨가 습한]도 마찬가지입니다.

대화하기 겨울이 다가오는 날씨

○ 다음 대화를 듣고 따라 말해 보세요. 🎧 23-4

미선과 토니는 외출 전 오늘 날씨에 대해 서로 얘기를 나눕니다.

미선 **How's the weather?**
하우즈 더 웨더

토니 **It's cold today.**
잇쓰 코울드 투데이

미선 **It's getting colder**, isn't it?
잇쓰 게팅 코울더 이즌트 잇

토니 Yes, it is. Winter is coming.
예쓰 잇 이즈 윈터 이즈 커밍

winter 겨울

미선 What's the weather like in winter in your city?
왓쓰 더 웨더 라익 인 윈터 인 유어 씨티

토니 Well, it's so cold.
웰 잇쓰 쏘우 코울드

city 도시

미선 Do you like winter?
두 유 라익 윈터

토니 Yes, I enjoy winter sports.
예쓰 아이 인조이 윈터 스포츠

미선	날씨가 어때요?
토니	**오늘은 추워요.**
미선	**점점 더 추워지고 있어요**, 안 그래요?
토니	네, 그래요. 겨울이 오고 있네요.
미선	당신이 사는 도시의 겨울 날씨는 어때요?
토니	글쎄요, 아주 추워요.
미선	겨울 좋아하세요?
토니	네, 난 겨울 스포츠를 즐겨요.

204

확인하기 23 날씨

A 빈칸에 들어갈 알맞은 단어를 보기에서 찾아 쓰세요.

| 보기 | cloudy | isn't | weather | getting |

① 날씨가 어때요?
How's the [weather]?

② 오늘은 흐려요.
It's [cloudy] today.

③ 점점 더 추워지고 있어요, 안 그래요?
It's [getting] colder, [isn't] it?

B 보기에서 알맞은 표현을 찾아 다음 문장을 완성하세요.

| 보기 | warmer | windy |
| | darker | chilly |

① 오늘은 바람이 불어요.
It's [windy] today.

② 오늘은 쌀쌀해요.
It's [chilly] today.

③ 점점 더 따뜻해지고 있어요.
It's getting [warmer].

④ 점점 더 어두워지고 있어요.
It's getting [darker].

더 말해보기 너무 더워요.

○ 다음 문장을 듣고 따라 말해 보세요. 🎧 23-5

기온 말하기

It's too hot. 너무 더워요.
잇쓰 투 핫

It's a little chilly. 좀 쌀쌀해요.
잇쓰 어 리틀 췰리

It's freezing outside. 밖이 아주 추워요.
잇쓰 프리징 아웃싸이드

■ freeze[프리즈]는 동사로 '얼다'란 뜻인데요, freezing[프리징]은 형용사로 '얼어붙을 듯이 추운', 즉 '아주 추운'이란 의미가 됩니다.

It's minus 10 degrees Celsius. 기온이 영하 10도예요.
잇쓰 마이너쓰 텐 디그리즈 쎌씨어쓰

■ Celsius는 '섭씨의'를 뜻하는데 섭씨는 물의 어느 점을 0도, 끓는 점을 100도로 설정한 온도 단위입니다. '섭씨 ~도'를 나타낼 때는 ~ degrees Celsius라고 표현합니다. 미국에서는 섭씨가 아닌 화씨 온도를 쓰는데 Fahrenheit[패런하이트]가 '화씨의'란 뜻입니다.

날씨 말하기

It's a nice day, isn't it? 날씨 참 좋네요, 안 그래요?
잇쓰 어 나이쓰 데이 이즌트 잇

I think it's going to rain today. 오늘 비가 올 것 같아요.
아이 띵크 잇쓰 고우잉 투 레인 투데이

It's raining now. 지금 비가 와요.
잇쓰 레이닝 나우

It's snowing outside. 밖에 눈이 와요.
잇쓰 스노우잉 아웃싸이드

There is a strong wind. 바람이 세게 불어요.
데어 이즈 어 스트롱 윈드

생활 속 영어를 찾아라! 🎧 23-6

날씨와 기상

rainy, snowy처럼 날씨를 나타내는 형용사 중에는 명사 끝에 y를 붙인 단어가 많습니다. 여기서는 날씨와 관련된 명사를 알아봅시다.

rain
레인
비

snow
스노우
눈

fog
퍼그
안개

cloud
클라우드
구름

rainbow
레인보우
무지개

lightning
라이트닝
번개

storm
스톰
폭풍

wind
윈드
바람

frost
프러쓰트
서리

시간
Time

○ 다음 대화를 듣고 따라 말해 보세요. 🎧 24-1

토니 **Misun, do you have a watch?**
       미선   두 유   해브   어 와취

미선 **Of course.**
       어브 코쓰

토니 **What time is it now?**
       왓   타임   이즈 잇 나우

미선 **It's two ten.**
       잇쓰 투 텐

패턴 47 **What + 명사 + is it?**
몇 ~예요? / 무슨 ~예요?

의문사 What[왓]은 '몇, 무슨'이라는 뜻으로 명사를 꾸며 줄 수 있는데요, 명사 자리에 어떤 단어를 넣느냐에 따라 의미가 좀 달라집니다. 예를 들어 What time[왓 타임]은 '몇 시', What color[왓 컬러]는 '무슨 색'이 되지요. What[왓] + 명사 + is it[이즈 잇]?의 의미는 '몇 ~예요?' 또는 '무슨 ~예요?'입니다.

패턴 47 지금 몇 시예요?

패턴 48 2시 10분이에요.

○ 요즘에는 휴대폰으로 시간을 쉽게 알 수 있지만 종종 시간을 물어볼 일이 생기죠. 현재 시간을 물어보고 시간을 말하는 다양한 표현들도 익혀 봅시다.

토니 미선, 시계 있어요?

미선 물론이죠.

토니 지금 몇 시예요?

미선 2시 10분이에요.

새로 나온 단어

watch [와취] 시계
what [왓] 몇, 무슨
now [나우] 지금
two [투] 둘, 2
ten [텐] 십, 10

'2시 10분'이라는 시간은 '~후'의 뜻을 갖는 after를 활용해 ten after two(2시에서 10분 후)라고 말할 수도 있습니다.

패턴 48 **It's +** 시각 .

(시간이) ~예요.

it[잇]은 날씨, 시간, 요일, 거리, 가격 등을 나타내는 다양한 문장에서 주어 역할을 합니다. 시간을 얘기할 때도 it[잇]을 써서 It's[잇쓰] + 시각.이라고 하지요. 시각은 보통 시와 분을 나타내는 숫자를 순서대로 말하면 됩니다. 또는 '정각 몇 시'는 o'clock[어클락: 정각], '몇 시 몇 분 전'은 before[비포어: ~전]나 to[투: ~전까지], '몇 시 몇 분 후'는 after[애프터: ~후]나 past[패쓰트: ~지나서]를 활용해서 말할 수도 있습니다.

패턴 47 연습하기 — 몇[무슨] ~예요?

● 빈칸에 아래 단어를 넣어 말해 보세요. 🎧 24-2

What ____ is it?
몇[무슨] ____ 예요?

day[1]
데이
하루, 요일

date
데잇
날짜

year
이어
연도

month
먼뜨
월

color
컬러
색깔

day of the week[1]
데이 어브 더 윅
요일

---

1 day / day of the week day[데이]는 '(24시간 동안의) 하루, 요일'을 뜻하므로 '무슨 요일이에요?'를 What day is it?[왓 데이 이즈 잇]이라고 합니다. 한편, week[윅]은 '주, 일주일'을 뜻하는데, day of the week[데이 어브 더 윅]도 '일주일 중 하루'란 뜻이므로 '요일'을 뜻합니다. 그래서 요일을 물어볼 때 What day of the week is it?[왓 데이 어브 더 윅 이즈 잇]이라고도 합니다.

패턴 48 연습하기

(시간이) ~예요.

● 빈칸에 아래 단어를 넣어 말해 보세요. 🎧 24-3

It's _____.
(시간이) _____ 예요.

two twenty
투 트웬티
2시 20분

six o'clock
씩쓰 어클락
6시 정각

ten after eleven[1]
텐 애프터 일레븐
11시 10분

five to eight[2]
파이브 투 에잇
8시 5분 전

1 ten after eleven 전치사 after[애프터]는 '~후에'라는 뜻인데요, ten after eleven[텐 애프터 일레븐]은 '11시에서 10분 후', 다시 말해서 '11시 10분'을 말합니다. after[애프터] 대신 past[패쓰트]를 써도 같은 뜻이 되지요.

2 five to eight 전치사 to[투: ~전까지]를 활용하면 '몇 시 몇 분 전'이라는 시간을 말할 수 있습니다. five to eight[파이브 투 에잇]은 '8시 5분 전', 다시 말해 '7시 55분'을 뜻합니다.

대화하기 시간은 금!

○ 다음 대화를 듣고 따라 말해 보세요. 🎧 24-4

3시에 모임이 있는 수호는 급한 마음에 제인에게 시간을 물어봅니다.

수호 **Jane, do you have a watch?**
쮀인 두 유 해브 어 와취

제인 **Of course, I do.**
어브 코쓰 아이 두

수호 **What time is it?**
왓 타임 이즈 잇

제인 **It's two twenty.**
잇쓰 투 트웬티

수호 **Thanks.**
땡쓰

제인 **Not at all. What is it?**
낫 앳 얼 왓 이즈 잇

수호 **I have an important meeting at three.**
아이 해브 언 임포턴트 미팅 앳 뜨리

meeting 모임

제인 **I see. I think you should hurry.**
아이 씨 아이 띵크 유 슈드 허리

수호	제인, 시계 있어요?
제인	물론이죠, 있어요.
수호	몇 시예요?
제인	2시 20분이에요.
수호	고마워요.
제인	천만에요. 무슨 일이죠?
수호	3시에 중요한 모임이 있어요.
제인	그래요. 서둘러야 할 것 같네요.

확인하기 24 시간

A 빈칸에 들어갈 알맞은 단어를 보기에서 찾아 쓰세요. (문장의 첫 글자는 대문자로 쓰세요.)

| 보기 | now | what | watch | course |

① 미션, 시계 있어요?
　Misun, do you have a _____?

② 물론이죠.
　Of _____.

③ 지금 몇 시예요?
　_____ time is it _____?

B 보기에서 알맞은 표현을 찾아 다음 문장을 완성하세요.

| 보기 | month | five to eight |
| | two twenty | day |

① 무슨 요일이에요?
　What _____ is it?

② 몇 월이에요?
　What _____ is it?

③ 8시 5분 전이에요.
　It's _____.

④ 2시 20분이에요.
　It's _____.

213

더 말해보기 10시 반이에요.

◯ 다음 문장을 듣고 따라 말해 보세요. 🎧 24-5

시간 물어보기

Do you have the time? 몇 시예요?
두 유 해브 더 타임

- '시간 있으세요?'라는 뜻이 아니라 '몇 시예요?'란 뜻입니다. 시간이 있냐고 물어볼 때는 the를 빼고 Do you have time?이라고 합니다.

Could you tell me what time it is?
쿠드 유 텔 미 왓 타임 잇 이즈

몇 시인지 말씀해 주시겠어요?

시간 말하기

It's three oh five. 3시 5분이에요.
잇쓰 뜨리 오우 파이브

- 3시 5분(3:05)이라는 시간을 읽을 때는 three five라고 하지 않고, 05의 0을 알파벳 O의 소리 그대로 oh[오우]로 읽습니다.

It's half past ten. 10시 반이에요.
잇쓰 해프 패쓰트 텐

- half는 '절반'을 뜻하는 단어입니다. '10시 반'은 ten thirty(10시 30분)이라고 표현할 수도 있습니다.

It's a quarter past ten. 10시 15분이에요.
잇쓰 어 쿼터 패쓰트 텐

- quarter는 원래 '1/4'을 뜻하는데, 1시간(60분)의 1/4인 '15분'을 말할 때도 씁니다.

It's five to three. 3시 5분 전이에요.
잇쓰 파이브 투 뜨리

It's almost two. 거의 2시입니다.
잇쓰 얼모우쓰트 투

생활 속 영어를 찾아라! 🎧 24-6

숫자 (1~100)

시간을 말할 때, 개수를 셀 때, 가격을 말할 때 등 숫자를 쓸 일이 많습니다.
1부터 100까지 숫자 세는 법을 알아볼까요?

1	**one** 원		16	**sixteen** 씩쓰틴
2	**two** 투		17	**seventeen** 쎄븐틴
3	**three** 뜨리		18	**eighteen** 에이틴
4	**four** 포		19	**nineteen** 나인틴
5	**five** 파이브		20	**twenty** 트웬티
6	**six** 씩쓰		21	**twenty-one** 트웬티-원
7	**seven** 쎄븐		22	**twenty-two** 트웬티-투
8	**eight** 에잇		30	**thirty** 떠티
9	**nine** 나인		40	**forty** 포티
10	**ten** 텐		50	**fifty** 피프티
11	**eleven** 일레븐		60	**sixty** 씩쓰티
12	**twelve** 트웰브		70	**seventy** 쎄븐티
13	**thirteen** 떠틴		80	**eighty** 에이티
14	**fourteen** 포틴		90	**ninety** 나인티
15	**fifteen** 피프틴		100	**one hundred** 원 헌드레드

날짜
Dates

🔊 다음 대화를 듣고 따라 말해 보세요. 🎧 25-1

수호 **When is** Tony's birthday?
웬 이즈 토우니즈 버뜨데이

제인 His birthday is May 3(third).
히즈 버뜨데이 이즈 메이 떠드

수호 Oh, wait. What's the date today?
오우 웨잇 왓쓰 더 데잇 투데이

제인 It's May 2(second).
잇쓰 메이 쎄컨드

패턴 49 **When is +** 명사 **?**

~는 언제예요?

특정한 기념일이나 사건이 언제인지 궁금할 때는 '언제'라는 뜻의 의문사 when[웬]을 써서 When is[웬 이즈] + 명사?로 물어보세요. '~는 언제예요?'라는 뜻으로, 날짜 같은 넓은 시간대를 물어볼 때 사용할 수 있는 표현입니다. 누군가의 생일을 물어볼 때는 명사 뒤에 's를 써서 Tony's birthday(토니의 생일), your mother's birthday(당신 어머니의 생신)라고 하면 되죠.

패턴 49 토니의 생일은 언제예요?

패턴 50 5월 2일이에요.

○ 영어로 날짜를 나타내는 표현은 숫자를 그대로 쓰지 않기 때문에 조금 복잡합니다. 특정한 기념일이나 사건이 언제인지 물어보고 날짜도 말해 봅시다.

수호   토니의 생일은 언제예요?

제인   그의 생일은 5월 3일이에요.

수호   오, 잠깐만요. 오늘은 며칠이에요?

제인   5월 2일이에요.

새로 나온 단어

's [쓰] ~의
birthday [버쓰데이] 생일
his [히즈] 그의, 그 남자의
May [메이] 5월
third [떠드] 세 번째, 3일
date [데잇] 날짜
second [쎄컨드] 두 번째, 2일

사람 이름 뒤에 's를 붙이면 '~의'라는 뜻이 됩니다. 때로는 '~의 것'이라는 소유대명사의 뜻이 되기도 합니다. 예를 들어 Tony's는 '토니의', '토니의 것'이라는 뜻입니다.

패턴 50 **It's +** 달 이름 **+** 서수 **.**
    ~월 ~일이에요.

날짜를 나타낼 때는 날씨, 시간과 마찬가지로 주어로 it[잇]을 씁니다. It's[잇쓰] + 달 이름 + 서수.로 '~월 ~일이에요'라고 날짜를 말할 수 있지요. '~일'은 '~번째'를 나타내는 서수를 써서 표현합니다. 예를 들어 first[퍼쓰트: 첫 번째]는 '1일', second[쎄컨드: 두 번째]는 '2일'이 됩니다. 따라서 '5월 2일'은 May second[메이 쎄컨드]가 되지요.

| 패턴 49 연습하기 | ~는 언제예요? |

● 빈칸에 아래 단어를 넣어 말해 보세요. 🎧 25-2

When is ☐?
☐ 는 언제예요?

your vacation[1]
유어 붸이케이션
당신의 휴가

your next class
유어 넥쓰트 클래쓰
당신의 다음 수업

the deadline[2]
더 데드라인
마감일

the company party
더 컴퍼니 파티
회사 파티

---

1 your vacation 명사 vacation[붸이케이션]은 '휴가, 방학'을 나타내는 말이에요. 그래서 '여름 휴가, 여름 방학'을 summer vacation[써머 붸이케이션], '겨울 휴가, 겨울 방학'을 winter vacation[윈터 붸이케이션]이라고 합니다.

2 the deadline 명사 deadline[데드라인]은 업무할 때 지켜야 할 '마감일'을 뜻합니다. 명사 dead[데드: 죽음의]와 line[라인: 선]을 합쳐 만든 단어지요. 말 그대로 넘지 말아야 할 '죽음의 선', 다시 말해 '최종 한계선'을 뜻합니다.

패턴 50 연습하기 ~월 ~일이에요.

● 빈칸에 아래 단어를 넣어 말해 보세요. 25-3

It's ☐.
☐월 ☐일이에요.

September 1(first)
쎕템버 퍼쓰트
9월 1일

June 3(third)
준 떠드
6월 3일

March 13(thirteenth)
마취 떠틴뜨
3월 13일

December 22(twenty-second)
디쎔버 트웬티-쎄컨드
12월 22일

■ '~일'을 나타내는 서수의 약자   서수는 숫자 끝에 마지막 영어철자 두 글자를 붙여서 줄여 쓰기도 합니다. first[퍼쓰트: 첫 번째]는 1st, second[쎄컨드: 두 번째]는 2nd, third[떠드: 세 번째]는 3rd, fourth[포뜨: 네 번째]는 4th가 되는 거지요. 보통은 thirteenth[떠틴뜨: 열세 번째]처럼 th가 붙는 경우가 많아서 13th처럼 숫자 뒤에 th만 붙이는 형태가 대부분입니다. 서수를 나타내는 단어는 223쪽을 참고하세요.

대화하기 제인의 생일은 언제?

○ 다음 대화를 듣고 따라 말해 보세요. 🎧 25-4

토니와 미선이 달력을 보면서 대화를 나눕니다.

토니 I think time really flies these days! **fly** 날다, 나는 듯이 빨리 가다
아이 띵크 타임 리얼리 플라이즈 디즈 데이즈

미선 Yes, it sure does.
예쓰 잇 셔 더즈

토니 Jane's birthday is coming soon. **soon** 곧
줴인즈 버뜨데이 이즈 커밍 쑨

미선 Oh, really? **When is her birthday?**
오우 리얼리 웬 이즈 허 버뜨데이

토니 Her birthday is June 5(fifth). **June** 6월
허 버뜨데이 이즈 준 피프뜨

미선 Oh, wait. What's the date today?
오우 웨잇 왓츠 더 데잇 투데이

토니 **It's June 1(first).**
잇쓰 준 퍼쓰트

미선 Ah! Her birthday is this Friday.
아 허 버뜨데이 이즈 디쓰 프라이데이

토니	요즘 시간이 정말 빠른 것 같아요!
미선	네, 확실히 그래요.
토니	제인의 생일이 곧이에요.
미선	오, 그래요? **그녀의 생일이 언제예요?**
토니	그녀의 생일은 6월 5일이에요.
미선	오, 잠깐만요. 오늘은 며칠이에요?
토니	**6월 1일이에요.**
미선	아! 그녀의 생일은 이번 주 금요일이네요.

확인하기 25 날짜

A 빈칸에 들어갈 알맞은 단어를 보기에서 찾아 쓰세요. (문장의 첫 글자는 대문자로 쓰세요.)

보기	date	when	May	birthday

① 토니의 생일은 언제예요?
　　[ ] is Tony's [ ]?

② 그의 생일은 5월 3일이에요.
　　His birthday is [ ] 3(third).

③ 오늘은 며칠이에요?
　　What's the [ ] today?

B 보기에서 알맞은 표현을 찾아 다음 문장을 완성하세요.

보기	June 3(third)	your vacation
	the deadline	March 13(thirteenth)

① 당신의 휴가는 언제예요?
　　When is [ ]?

② 마감일이 언제예요?
　　When is [ ]?

③ 3월 13일이에요.
　　It's [ ].

④ 6월 3일이에요.
　　It's [ ].

생활 속 영어를 찾아라!

달 이름

영어에서 달 이름은 숫자로 나타내지 않고 라틴어에서 유래된 단어를 씁니다.
이때 무조건 첫 글자는 대문자로 쓰는 것이 특징이죠.
열두 달을 나타내는 단어를 살펴볼까요?

January
쥬애뉴어리
1월

February
페브루어리
2월

March
마취
3월

April
에이프럴
4월

May
메이
5월

June
준
6월

July
줄라이
7월

August
어거쓰트
8월

September
쎕템버
9월

October
악토우버
10월

November
노벰버
11월

December
디쎔버
12월

생활 속 영어를 찾아라!

 25-6

서수

날짜에서 '~일'은 '~번째'라는 순서를 뜻하는 서수로 나타냅니다.
몇 가지 예외를 제외하고는 숫자 뒤에 th를 붙이는 형태가 대부분이지요.
1일부터 31일까지를 나타내는 단어를 익혀 봅시다.

1일	first 퍼쓰트		16일	sixteenth 씩쓰틴뜨
2일	second 쎄컨드		17일	seventeenth 쎄븐틴뜨
3일	third 떠드		18일	eighteenth 에이틴뜨
4일	fourth 포뜨		19일	nineteenth 나인틴뜨
5일	fifth 피프뜨		20일	twentieth 트웬티어뜨
6일	sixth 씩쓰뜨		21일	twenty-first 트웬티-퍼쓰트
7일	seventh 쎄븐뜨		22일	twenty-second 트웬티-쎄컨드
8일	eighth 에잇뜨		23일	twenty-third 트웬티-떠드
9일	ninth 나인뜨		24일	twenty-fourth 트웬티-포뜨
10일	tenth 텐뜨		25일	twenty-fifth 트웬티-피프뜨
11일	eleventh 일레븐뜨		26일	twenty-sixth 트웬티-씩쓰뜨
12일	twelfth 트웰프뜨		27일	twenty-seventh 트웬티-쎄븐뜨
13일	thirteenth 떠틴뜨		28일	twenty-eighth 트웬티-에잇뜨
14일	fourteenth 포틴뜨		29일	twenty-ninth 트웬티-나인뜨
15일	fifteenth 피프틴뜨		30일	thirtieth 떠티어뜨
			31일	thirty-first 떠티-퍼쓰트

확인하기
정답

01 첫 만남 29쪽

A ① Hello.
　 ② May I ask your name?
　 ③ I'm Suho.

B ① May I ask your address?
　 ② May I ask your phone number?
　 ③ I'm Sam.
　 ④ I'm Kim Misun.

02 직업 37쪽

A ① What's your occupation?
　 ② I'm an engineer.
　 ③ Oh, I see.

B ① What's your number?
　 ② What's your nickname?
　 ③ I'm a taxi driver.
　 ④ I'm an office worker.

03 고향 45쪽

A ① Where are you from?
　 ② I'm from Chicago.
　 ③ I'm glad to meet you.

B ① I'm from [South Korea].
   ② I'm from [Sydney].
   ③ I'm glad to [see you again].
   ④ I'm glad to [be with you].

04 여가 시간 53쪽

A ① [What] do you do in your [free] time?
   ② I [usually] watch TV.
   ③ I [enjoy] watching sports.

B ① I usually [ride a bike].
   ② I usually [read books].
   ③ I enjoy [swimming].
   ④ I enjoy [watching movies].

05 음악 61쪽

A ① Do you like [listening] to music?
   ② [Yes], I do.
   ③ [No], I like [classical] music.

B ① Do you like [taking pictures]?
   ② Do you like [eating out]?
   ③ I like [basketball].
   ④ I like [sports].

227

06 스포츠   69쪽

A ① What [sport] do you [like]?
   ② [Why] do you like it?
   ③ It's so [exciting].

B ① What [music] do you like?
   ② What [outdoor activities] do you like?
   ③ It's so [interesting].
   ④ It's so [beautiful].

07 영화   77쪽

A ① How [often] do you watch movies?
   ② [Once] a week.
   ③ My [favorite] movie [star] is Tom Cruise.

B ① How often do you [go to the theater]?
   ② How often do you [buy books]?
   ③ Who's your favorite [actress]?
   ④ Who's your favorite [movie director]?

08 특기   85쪽

A ① Misun, can you [drive]?
   ② Are you a [good] [driver]?
   ③ I'm good at [driving].

B ① Are you a good singer ?
　 ② Are you a good cook ?
　 ③ I'm good at drawing pictures .
　 ④ I'm good at soccer .

09 사람 소개하기　　　93쪽

A ① Jane, this is my sister .
　 ② I want you to meet her.
　 ③ Nice to meet you.

B ① This is my son .
　 ② This is Mr. Brown .
　 ③ I want you to stay here .
　 ④ I want you to help me out .

10 정중한 부탁　　　101쪽

A ① Misun, are you thirsty ?
　 ② Yes, can I have some water ?
　 ③ Please wait a moment.

B ① Can I have a receipt ?
　 ② Can I have something to drink ?
　 ③ Please have a seat .
　 ④ Please calm down .

11 전화 통화　　109쪽

A　① Hello . Can I speak to Jane, please?
　　② Speaking. Who's calling ?
　　③ I'm calling to ask for your help.

B　① Can I speak to your boss , please?
　　② Can I speak to the person in charge , please?
　　③ I'm calling to ask you something .
　　④ I'm calling to book a table .

12 제안　　117쪽

A　① Let's play tennis.
　　② It's too hot outside.
　　③ Then how about going swimming?

B　① Let's take a break .
　　② Let's drink together .
　　③ How about meeting earlier ?
　　④ How about going to the movies ?

13 초대와 방문　　125쪽

A　① Thank you for coming .
　　② Can I get you something to drink?
　　③ I'd like some coffee, please.

B ① Thank you for having me.
　　② Thank you for the present.
　　③ I'd like some water, please.
　　④ I'd like a glass of beer, please.

14 식사　　　　133쪽

A ① How is your steak?
　　② It's excellent.
　　③ It tastes so good.

B ① How is your meal?
　　② How is your health?
　　③ It tastes funny.
　　④ It tastes salty.

15 작별 인사　　　　141쪽

A ① I think I should get going now.
　　② So soon?
　　③ Yes, it's time to go to work.

B ① It's time to go to bed.
　　② It's time to have dinner.
　　③ I think you should start working.
　　④ I think you should stop smoking.

16 가족　　　　　　　　　　　　　149쪽

A　① Do you have any [brothers] or sisters?
　　② Yes, I [have] a younger sister.
　　③ [Can] I see her [picture]?

B　① I have [an older brother].
　　② I have [an appointment].
　　③ Can I [sit here]?
　　④ Can I [call you later]?

17 해야 할 일　　　　　　　　　　157쪽

A　① I [need] to exercise.
　　② What [for]?
　　③ You [must] be [kidding]!

B　① I need to [go on a diet].
　　② I need to [take a nap].
　　③ I have to [leave now].
　　④ I have to [do yoga].

18 건강과 질병　　　　　　　　　　165쪽

A　① Are you [okay]? You [look] pale.
　　② I think I have a [cold].
　　③ Why don't you [see] a doctor?

232

B ① You look [happy].
　② You look [depressed].
　③ Why don't you [take some medicine]?
　④ Why don't you [try it on]?

19 애완동물　　173쪽

A ① Jane, do you have [any] pets?
　② Yes, I [have] a [cat].
　③ Oh, that's [too] bad.

B ① Do you have any [dogs]?
　② Do you have any [allergies]?
　③ I don't have any [brothers].
　④ I don't have any [time].

20 주말 계획　　181쪽

A ① What are your [plans] for the [weekend]?
　② I'm going to [travel].
　③ [Where] are you going?

B ① What are your plans for [tonight]?
　② What are your plans for [the summer vacation]?
　③ I'm going to [get some rest].
　④ I'm going to [move out].

21 물건 찾기 189쪽

A ① **Where** is my **phone**?
   ② Maybe it is **in** your bag.
   ③ Look! It is on the **table**.

B ① Where is my **bag**?
   ② Where is my **passport**?
   ③ It is **behind the chair**.
   ④ It is **on the shelf**.

22 길 찾기 197쪽

A ① There is one **near** here.
   ② Can you **please** take me **there**?
   ③ No **problem**.

B ① Where can I find **the restroom**?
   ② Where can I find **the post office**?
   ③ Can you please **show me around**?
   ④ Can you please **open the window**?

23 날씨 205쪽

A ① How's the **weather**?
   ② It's **cloudy** today.
   ③ It's **getting** colder, **isn't** it?

B   ① It's [windy] today.

      ② It's [chilly] today.

      ③ It's getting [warmer].

      ④ It's getting [darker].

24 시간   213쪽

A   ① Misun, do you have a [watch]?

      ② Of [course].

      ③ [What] time is it [now]?

B   ① What [day] is it?

      ② What [month] is it?

      ③ It's [five to eight].

      ④ It's [two twenty].

25 날짜   221쪽

A   ① [When] is Tony's [birthday]?

      ② His birthday is [May] 3(third).

      ③ What's the [date] today?

B   ① When is [your vacation]?

      ② When is [the deadline]?

      ③ It's [March 13(thirteenth)].

      ④ It's [June 3(third)].

셋째 마당
더 알아두기

말하기가 쉬워지는
패턴문장 트레이닝

앞에서 배운 패턴과 문장을 한눈에 보기 쉽게 정리했습니다. 말하기 연습을 위해 한국어 해석과 영어문장을 함께 녹음했으니, 한국어 해석을 듣고 영어 문장을 말하는 훈련을 해보세요. 반복해서 듣고 따라 읽다 보면 저절로 영어가 입에서 튀어 나옵니다.

MP3로 들으세요

패턴 01　May I ask your _____?

🎧 26-01　당신의 ~를 여쭤봐도 될까요?　　　24쪽

May I ask your name?　성함을 여쭤봐도 될까요?

May I ask your address?　주소를 여쭤봐도 될까요?

May I ask your age?　나이를 여쭤봐도 될까요?

May I ask your last name?　성을 여쭤봐도 될까요?

May I ask your phone number?　전화번호를 여쭤봐도 될까요?

패턴 02　I'm _____.

🎧 26-02　난 ~예요.　　　25쪽

I'm Suho.　난 수호예요.

I'm Sam.　난 샘이에요.

I'm Brad.　난 브래드예요.

I'm Tony Scott.　난 토니 스콧이에요.

I'm Cindy.　난 신디예요.

I'm Jenny.　난 제니예요.

I'm Kim Misun.　난 김미선이에요.

패턴 03 What's your _____?
🎧 26-03 당신의 ~가 뭐예요? 32쪽

What's your occupation? 직업이 뭐예요?

What's your name? 이름이 뭐예요?

What's your nickname? 당신 별명이 뭐예요?

What's your number? 전화번호가 뭐예요?

What's your dream? 꿈이 뭐예요?

What's your major? 전공이 뭐예요?

What's your email address? 이메일 주소가 뭐예요?

패턴 04 I'm a[an] _____.
🎧 26-04 난 ~예요. 33쪽

I'm an engineer. 난 기술자예요.

I'm a homemaker. 난 주부예요.

I'm a teacher. 난 선생님이에요.

I'm a nurse. 난 간호사예요.

I'm a lawyer. 난 변호사예요.

I'm a cashier. 난 계산원이에요.

I'm an office worker. 난 회사원이에요.

I'm a taxi driver. 난 택시 운전사예요.

패턴 05 I'm glad to _____.
🎧 26-05 ~해서 기뻐요. / ~해서 반가워요. 40쪽

I'm glad to meet you. 만나서 반가워요.

I'm glad to hear that. 그 말을 들으니 기뻐요. / 그렇다니 다행이네요.

I'm glad to be with you. 당신과 함께해서 기뻐요.

I'm glad to see you again. 당신을 다시 만나서 기뻐요.

I'm glad to work with you. 당신과 같이 일하게 되어서 기뻐요.

패턴 06 I'm from _____.
🎧 26-06 난 ~에서 왔어요. / 난 ~ 출신이에요. 41쪽

I'm from Chicago. 난 시카고 출신이에요.

I'm from South Korea. 난 한국에서 왔어요.

I'm from Canada. 난 캐나다에서 왔어요.

I'm from the USA. 난 미국에서 왔어요.

I'm from New York. 난 뉴욕에서 왔어요.

I'm from Sydney. 난 시드니 출신이에요.

I'm from Paris. 난 파리 출신이에요.

패턴 07 I usually _____.
26-07 난 주로 ~해요. 48쪽

I usually watch TV. 난 주로 텔레비전을 봐요.

I usually go shopping. 난 주로 쇼핑하러 가요.

I usually ride a bike. 난 주로 자전거를 타요.

I usually stay home. 난 주로 집에 있어요.

I usually read books. 난 주로 책을 읽어요.

패턴 08 I enjoy _____.
26-08 난 ~하는 걸 즐겨요. 49쪽

I enjoy watching sports. 난 스포츠 보는 걸 즐겨요.

I enjoy driving. 난 운전하는 걸 즐겨요.

I enjoy swimming. 난 수영하는 걸 즐겨요.

I enjoy playing soccer. 난 축구를 하는 걸 즐겨요.

I enjoy watching movies. 난 영화 보는 걸 즐겨요.

I enjoy reading novels. 난 소설 읽는 걸 즐겨요.

패턴 09 🎧 26-09

Do you like _____?
~하는 걸 좋아해요?   56쪽

Do you like listening to music? 음악 듣는 걸 좋아해요?

Do you like singing? 노래하는 걸 좋아해요?

Do you like traveling? 여행하는 걸 좋아해요?

Do you like taking pictures? 사진 찍는 걸 좋아해요?

Do you like eating out? 외식하는 걸 좋아해요?

패턴 10 🎧 26-10

I like _____.
난 ~를 좋아해요.   57쪽

I like classical music. 난 클래식 음악을 좋아해요.

I like sports. 난 스포츠를 좋아해요.

I like history. 난 역사를 좋아해요.

I like pop music. 난 대중음악을 좋아해요.

I like basketball. 난 농구를 좋아해요.

I like movies. 난 영화를 좋아해요.

I like computer games. 난 컴퓨터 게임을 좋아해요.

> **패턴 11** **What _____ do you like?**
> 🎧 26-11 어떤 ~를 좋아해요?   64쪽

What sport **do you like**? 어떤 스포츠를 좋아해요?

What animal **do you like**? 어떤 동물을 좋아해요?

What music **do you like**? 어떤 음악을 좋아해요?

What books **do you like**? 어떤 책을 좋아해요?

What coffee **do you like**? 어떤 커피를 좋아해요?

What food **do you like**? 어떤 음식을 좋아해요?

What outdoor activities **do you like**? 어떤 야외 활동을 좋아해요?

> **패턴 12** **It's so _____.**
> 🎧 26-12 매우 ~해요.   65쪽

It's so exciting. 매우 흥미진진해요.

It's so fun. 매우 즐거워요.

It's so easy. 매우 쉬워요.

It's so difficult. 매우 어려워요.

It's so beautiful. 매우 아름다워요.

It's so interesting. 매우 흥미로워요.

It's so boring. 매우 지루해요.

패턴 13 — How often do you _____? 얼마나 자주 ~해요? (26-13) 72쪽

How often do you watch movies? 얼마나 자주 영화 봐요?

How often do you travel overseas? 얼마나 자주 해외 여행해요?

How often do you watch TV? 얼마나 자주 텔레비전을 봐요?

How often do you buy books? 얼마나 자주 책을 구입해요?

How often do you go to the theater? 얼마나 자주 극장에 가요?

패턴 14 — Who's your favorite _____? 가장 좋아하는 ~는 누구예요? (26-14) 73쪽

Who's your favorite movie star? 가장 좋아하는 영화배우는 누구예요?

Who's your favorite actor? 가장 좋아하는 남자배우는 누구예요?

Who's your favorite actress? 가장 좋아하는 여자배우는 누구예요?

Who's your favorite comedian? 가장 좋아하는 코미디언은 누구예요?

Who's your favorite artist? 가장 좋아하는 화가는 누구예요?

Who's your favorite author? 가장 좋아하는 작가는 누구예요?

Who's your favorite movie director? 가장 좋아하는 영화감독은 누구예요?

> **패턴 15** 26-15   **Are you a good _____?**
> 당신은 ~를 잘해요?   80쪽

Are you a good driver? 당신은 운전을 잘해요?

Are you a good swimmer? 당신은 수영을 잘해요?

Are you a good cook? 당신은 요리를 잘해요?

Are you a good dancer? 당신은 춤을 잘 춰요?

Are you a good singer? 당신은 노래를 잘해요?

Are you a good skier? 당신은 스키를 잘 타요?

Are you a good soccer player? 당신은 축구를 잘해요?

> **패턴 16** 26-16   **I'm good at _____.**
> 난 ~를 잘해요.   81쪽

I'm good at driving. 난 운전을 잘해요.

I'm good at soccer. 난 축구를 잘해요.

I'm good at talking. 난 말을 잘해요.

I'm good at playing the piano. 난 피아노 연주하는 것을 잘해요.

I'm good at drawing pictures. 난 그림 그리기를 잘해요.

I'm good at swimming. 난 수영을 잘해요.

I'm good at skiing. 난 스키를 잘 타요.

패턴 17 | This is _____.
🎧 26-17 이 분은 ~예요. / 이 사람은 ~예요.   88쪽

This is my sister. 이 사람은 내 여동생이에요.

This is my friend. 이 사람은 내 친구예요.

This is my wife. 이 사람은 내 아내예요.

This is my son. 이 사람은 내 아들이에요.

This is Mr. Brown. 이 분은 브라운 씨(남자)예요.

This is Ms. Brown. 이 분은 브라운 씨(여자)예요.

This is Miss Kim. 이 분은 김 양이에요.

패턴 18 | I want you to _____.
🎧 26-18 당신이 ~했으면 해요.   89쪽

I want you to meet her. 당신이 그녀와 인사 나눴으면 해요.

I want you to wash the dishes. 당신이 설거지를 했으면 해요.

I want you to stay here. 당신이 여기 머물렀으면 해요.

I want you to help me out. 당신이 날 도와줬으면 해요.

I want you to be quiet. 당신이 조용히 했으면 해요.

패턴 19 Can I have _____?
🎧 26-19 ~를 주시겠어요?   96쪽

Can I have some water? 물 좀 주시겠어요?

Can I have some coffee? 커피 좀 주시겠어요?

Can I have your name? 성함을 알려주시겠어요?

Can I have something to drink? 마실 것 좀 주시겠어요?

Can I have a receipt? 영수증을 주시겠어요?

패턴 20 Please _____.
🎧 26-20 ~해 주세요.   97쪽

Please wait a moment. 기다려 주세요.

Please have a seat. 자리에 앉아 주세요.

Please introduce yourself. 자기소개를 해 주세요.

Please come in. 들어와 주세요.

Please calm down. 진정해 주세요.

패턴 21 | Can I speak to _____, please?
🎧 26-21 ~와 통화할 수 있을까요?   104쪽

Can I speak to Jane, **please**? 제인과 통화할 수 있을까요?

Can I speak to your boss, **please**? 당신의 사장님과 통화할 수 있을까요?

Can I speak to Mrs. Smith, **please**? 스미스 씨와 통화할 수 있을까요?

Can I speak to the manager, **please**? 관리자와 통화할 수 있을까요?

Can I speak to the person in charge, **please**? 담당자와 통화할 수 있을까요?

패턴 22 | I'm calling to _____.
🎧 26-22 ~하려고 전화했어요.   105쪽

I'm calling to ask for your help. 도움을 요청하려고 전화했어요.

I'm calling to invite you. 당신을 초대하려고 전화했어요.

I'm calling to ask you something. 당신에게 뭐 좀 물어보려고 전화했어요.

I'm calling to book a table. 테이블을 예약하려고 전화했어요.

I'm calling to make a reservation. 예약하려고 전화했어요.

> **패턴 23** 🎧 26-23
> # Let's _____.
> ~합시다.   112쪽

Let's play tennis. 테니스를 칩시다.

Let's drink together. 함께 술을 마십시다.

Let's go jogging. 조깅하러 갑시다.

Let's split the bill. 계산을 나눠서 합시다.

Let's take a break. 잠시 쉽시다.

> **패턴 24** 🎧 26-24
> # How about _____?
> ~하는 게 어때요?   113쪽

How about going swimming? 수영 가는 게 어때요?

How about going on a picnic? 소풍 가는 게 어때요?

How about studying English? 영어 공부하는 게 어때요?

How about going to the movies? 영화관에 가는 게 어때요?

How about meeting earlier? 더 일찍 만나는 게 어때요?

패턴 25 | Thank you for _____.
🎧 26-25　~에 대해 고마워요. / ~해 줘서 고마워요.　120쪽

Thank you for coming. 와 줘서 고마워요.

Thank you for having me. 날 초대해 줘서 고마워요.

Thank you for stopping by. 잠시 들러 줘서 고마워요.

Thank you for the present. 선물 고마워요.

Thank you for your help. 도와줘서 고마워요.

패턴 26 | I'd like _____, please.
🎧 26-26　~를 주세요.　121쪽

I'd like some coffee, **please**. 커피를 주세요.

I'd like some water, **please**. 물을 주세요.

I'd like a Coke, **please**. 콜라 주세요.

I'd like a glass of beer, **please**. 맥주 한 잔 주세요.

I'd like a cup of tea, **please**. 차 한 잔 주세요.

패턴 27	**How is your _____?**
26-27	당신의 ~는 어때요?　　　　　　　　　　　　　　　　128쪽

How is your steak?　당신의 스테이크는 어때요?

How is your meal?　당신의 음식은 어때요?

How is your business?　당신의 사업은 어때요?

How is your health?　당신의 건강은 어때요?

How is your new house?　당신의 새 집은 어때요?

How is your new job?　당신의 새 직장은 어때요?

How is your family?　당신의 가족은 어떻게 지내요?

패턴 28	**It tastes _____.**
26-28	~한 맛이 나요.　　　　　　　　　　　　　　　　　129쪽

It tastes so good.　아주 맛있어요.

It tastes sour.　시큼한 맛이 나요.

It tastes salty.　짠맛이 나요.

It tastes sweet.　달콤한 맛이 나요.

It tastes bad.　맛이 없어요.

It tastes great.　아주 맛있어요.

It tastes funny.　이상한 맛이 나요.

패턴 29  **It's time to _____.**

26-29 ~할 시간이에요. 136쪽

It's time to go to work. 출근할 시간이에요.

It's time to go to bed. 자러 갈 시간이에요.

It's time to wake up. 일어날 시간이에요.

It's time to have dinner. 저녁 먹을 시간이에요.

It's time to get back home. 집으로 돌아갈 시간이에요.

패턴 30 **I think you should _____.**

26-30 당신은 ~해야 할 것 같아요. 137쪽

I think you should hurry. 당신은 서둘러야 할 것 같아요.

I think you should start working. 당신은 일을 시작해야 할 것 같아요.

I think you should buy it. 당신은 그걸 사야 할 것 같아요.

I think you should let him go. 당신은 그를 보내 줘야 할 것 같아요.

I think you should stop smoking. 당신은 담배를 끊어야 할 것 같아요.

패턴 31	**I have a[an] _____.**	
🎧 26-31	난 ~가 있어요.	144쪽

I have a younger sister. 난 여동생이 있어요.

I have an older brother. 난 형이 있어요. / 난 오빠가 있어요.

I have a blind date. 난 소개팅이 있어요.

I have an appointment. 난 약속이 있어요.

I have a smartphone. 난 스마트폰이 있어요.

패턴 32	**Can I _____?**	
🎧 26-32	~할 수 있을까요? / ~해도 돼요?	145쪽

Can I see her picture? 그녀의 사진을 볼 수 있을까요?

Can I go now? 지금 가도 돼요?

Can I sit here? 여기 앉아도 돼요?

Can I borrow your phone? 당신의 전화기를 빌릴 수 있을까요?

Can I call you later? 나중에 전화해도 돼요?

패턴 33 🎧 26-33

I need to _____.

~해야 해요.

152쪽

I need to exercise. 운동해야 해요.

I need to work out. 운동해야 해요.

I need to wash my hands. 손을 씻어야 해요.

I need to go on a diet. 다이어트해야 해요.

I need to take a nap. 낮잠을 자야 해요.

패턴 34 🎧 26-34

I have to _____.

~해야 해요.

153쪽

I have to lose weight. 살 빼야 해요.

I have to leave now. 지금 떠나야 해요.

I have to work hard. 열심히 일해야 해요.

I have to do yoga. 요가를 해야 해요.

I have to clean my room. 내 방을 청소해야 해요.

패턴 35	**You look _____.**	
🎧 26-35	~해 보여요.	160쪽

You look pale. 창백해 보여요.

You look young. 젊어 보여요. / 어려 보여요.

You look happy. 행복해 보여요.

You look sad. 슬퍼 보여요.

You look healthy. 건강해 보여요.

You look sleepy. 졸려 보여요.

You look depressed. 우울해 보여요.

패턴 36	**Why don't you _____?**	
🎧 26-36	~하는 게 어때요?	161쪽

Why don't you see a doctor? 병원에 가는 게 어때요?

Why don't you call him? 그에게 전화하는 게 어때요?

Why don't you try it on? 그걸 입어 보는 게 어때요?

Why don't you go to the hospital? 병원에 가는 게 어때요?

Why don't you take some medicine? 약을 먹는 게 어때요?

패턴 37 | Do you have any _____?
🎧 26-37 ~가 있어요? 168쪽

Do you have any pets? 애완동물이 있어요?

Do you have any dogs? 개가 있어요?

Do you have any cats? 고양이가 있어요?

Do you have any allergies? 알레르기가 있어요?

Do you have any questions? 질문이 있어요?

Do you have any plans? 계획이 있어요?

Do you have any money? 돈이 있어요?

패턴 38 | I don't have any _____.
🎧 26-38 난 ~가 전혀 없어요. 169쪽

I don't have any pets. 난 애완동물이 전혀 없어요.

I don't have any friends. 난 친구가 전혀 없어요.

I don't have any hobbies. 난 취미가 전혀 없어요.

I don't have any brothers. 난 형제가 전혀 없어요.

I don't have any time. 난 시간이 전혀 없어요.

I don't have any problems. 난 문제가 전혀 없어요.

I don't have any children. 난 자녀가 전혀 없어요.

패턴 39 🎧 26-39

What are your plans for _____?
~의 계획은 뭐예요?   176쪽

What are your plans for the weekend? 주말 계획은 뭐예요?

What are your plans for tonight? 오늘 밤 계획은 뭐예요?

What are your plans for tomorrow? 내일 계획은 뭐예요?

What are your plans for the summer vacation? 여름휴가 계획은 뭐예요?

What are your plans for the holidays? 연말연시 계획은 뭐예요?

패턴 40 🎧 26-40

I'm going to _____.
~할 거예요.   177쪽

I'm going to travel. 여행할 거예요.

I'm going to meet my friends. 친구들을 만날 거예요.

I'm going to move out. 이사 나갈 거예요.

I'm going to see a play. 연극을 볼 거예요.

I'm going to get some rest. 휴식을 취할 거예요.

패턴 41	**Where is my _____?**
🎧 26-41	내 ~는 어디에 있어요? 184쪽

Where is my phone? 내 전화기는 어디에 있어요?

Where is my bag? 내 가방은 어디에 있어요?

Where is my suitcase? 내 여행 가방은 어디에 있어요?

Where is my wallet? 내 지갑은 어디에 있어요?

Where is my dictionary? 내 사전은 어디에 있어요?

Where is my watch? 내 시계는 어디에 있어요?

Where is my passport? 내 여권은 어디에 있어요?

패턴 42	**It is _____.**
🎧 26-42	(그것은) ~에 있어요. 185쪽

It is in your bag. 당신 가방 안에 있어요.

It is on the table. 테이블 위에 있어요.

It is under the table. 테이블 아래에 있어요.

It is on the shelf. 선반 위에 있어요.

It is behind the chair. 의자 뒤에 있어요.

It is in my pocket. 내 주머니 안에 있어요.

> **패턴 43** 🎧 26-43
> # Where can I find _____?
> 어디서 ~를 찾을 수 있어요?   192쪽

Where can I find an ATM? 어디서 자동현금인출기를 찾을 수 있어요?

Where can I find the post office? 어디서 우체국을 찾을 수 있어요?

Where can I find the taxi stand? 어디서 택시 승차장을 찾을 수 있어요?

Where can I find the restroom? 어디서 화장실을 찾을 수 있어요?

Where can I find a payphone? 어디서 공중전화를 찾을 수 있어요?

Where can I find the library? 어디서 도서관을 찾을 수 있어요?

> **패턴 44** 🎧 26-44
> # Can you please _____?
> ~해 줄래요?   193쪽

Can you please take me there? 절 좀 거기에 데려다 줄래요?

Can you please close the door? 문을 닫아 줄래요?

Can you please open the window? 창문을 열어 줄래요?

Can you please wait here? 여기서 기다려 줄래요?

Can you please show me around? 나에게 구경시켜 줄래요?

패턴 45　It's _____ today.
26-45　(날씨가) 오늘은 ~해요.　200쪽

It's cloudy **today**.　오늘은 흐려요.

It's sunny **today**.　오늘은 화창해요.

It's rainy **today**.　오늘은 비가 와요.

It's snowy **today**.　오늘은 눈이 와요.

It's windy **today**.　오늘은 바람이 불어요.

It's foggy **today**.　오늘은 안개가 꼈어요.

It's chilly **today**.　오늘은 쌀쌀해요.

패턴 46　It's getting _____.
26-46　점점 더 ~해지고 있어요.　201쪽

It's getting colder.　점점 더 추워지고 있어요.

It's getting warmer.　점점 더 따뜻해지고 있어요.

It's getting hotter.　점점 더 더워지고 있어요.

It's getting cooler.　점점 더 시원해지고 있어요.

It's getting more humid.　점점 더 습해지고 있어요.

It's getting darker.　점점 더 어두워지고 있어요.

It's getting brighter.　점점 더 밝아지고 있어요.

> **패턴 47** **What _____ is it?**
> 🎧 26-47　몇 ~예요? / 무슨 ~예요?　　　　　　　　　　　　　　　　208쪽

What time **is it?** 몇 시예요?

What day **is it?** 무슨 요일이에요?

What date **is it?** 며칠이에요?

What year **is it?** 몇 년도예요?

What month **is it?** 몇 월이에요?

What color **is it?** 무슨 색깔이에요?

What day of the week **is it?** 무슨 요일이에요?

> **패턴 48** **It's _____.**
> 🎧 26-48　(시간이) ~예요.　　　　　　　　　　　　　　　　　　　209쪽

It's two ten. 2시 10분이에요.

It's two twenty. 2시 20분이에요.

It's six o'clock. 6시 정각이에요.

It's ten after eleven. 11시 10분이에요.

It's five to eight. 8시 5분 전이에요.

패턴 49 · When is _____?
🎧 26-49 ~는 언제예요?   216쪽

When is Tony's birthday? 토니의 생일은 언제예요?

When is your vacation? 당신의 휴가는 언제예요?

When is your next class? 당신의 다음 수업은 언제예요?

When is the deadline? 마감일은 언제예요?

When is the company party? 회사 파티는 언제예요?

패턴 50 · It's _____.
🎧 26-50 ~월 ~일이에요.   217쪽

It's May 2(second). 5월 2일이에요.

It's September 1(first). 9월 1일이에요.

It's June 3(third). 6월 3일이에요.

It's March 13(thirteenth). 3월 13일이에요.

It's December 22(twenty-second). 12월 22일이에요.

It's June 1(first). 6월 1일이에요.

원어민처럼 말하는
중요발음 트레이닝

영어에는 한국어에는 없는 발음이 많기 때문에 한국어처럼 발음하면 원어민은 이해하지 못하고 고개를 갸웃거릴 수도 있습니다. 영어를 말할 때 신경 써서 발음해야 할 중요한 발음들을 정리했으니, 원어민처럼 자연스럽게 발음할 수 있도록 연습해 봅시다.

본문 녹음

미니강의 26

발음연습 01 f / p 발음
🎧 27-01

f를 발음할 때는 윗니를 아랫입술에 가볍고 대고 그 사이로 숨을 쉬듯 [프]하고 발음합니다. 이와 반대로 p를 발음할 때는 윗입술과 아랫입술을 살짝 붙였다 떼면서 [프]하고 발음하면 되지요.

f 발음	**fly** (f)플라이 날다	**fall** (f)펄 떨어지다	**follow** (f)팔로우 따르다	**leaf** (을)리프 나뭇잎
p 발음	**put** 풋 넣다, 두다	**plane** 플레인 비행기	**picture** 픽춰 사진, 그림	**rope** (우)로웊 밧줄

발음연습 02 v / b 발음
🎧 27-02

v를 발음할 때는 f와 마찬가지로 윗니를 아랫입술에 대고 [브]하고 발음하면 됩니다. 반대로 b를 발음할 때는 p처럼 두 입술을 닫은 상태에서 떼면서 자연스럽게 [브]하고 발음하면 되죠.

v 발음	**victory** (v)뷕터뤼 승리	**victim** (v)뷕팀 피해자, 희생자	**visit** (v)뷔짓 방문, 방문하다	**vote** (v)보웃 투표하다
b 발음	**boy** 보이 소년	**brother** 브롸더 형제	**brain** 브뤠인 뇌	**boat** 보웃 보트

발음연습 03 l / r 발음
🎧 27-03

영어의 l과 r 발음은 한국어 ㄹ과 비슷하지만 혀의 위치가 전혀 다르기 때문에 주의해야 합니다. l은 혀끝이 윗니에 닿도록 [(을)르]에 가깝게 소리내지만, r은 혀를 입 천장에 닿지 않게 안쪽으로 말아서 [(우)르]하고 소리를 냅니다.

l 발음

light	**lead**	**glass**	**alive**
(을)라잇	(을)리드	글래쓰	얼라이브
빛	이끌다	유리	살아 있는

r 발음

right	**read**	**grass**	**arrive**
(우)롸잇	(우)뤼드	그뤠쓰	어롸이브
옳은	읽다	풀, 잔디	도착하다

발음연습 04 j 발음
🎧 27-04

영어 알파벳 j는 [쥐 dʒ]로 발음합니다. [dʒ] 발음은 유성음으로, 입술을 동그랗게 앞으로 내민 상태에서 하는 발음이지요. ㅈ 소리와 비슷한데 [즈]보다는 [쥐] 소리에 가까운 발음입니다.

jewel	**jacket**	**joy**	**job**
쥬얼	줴킷	조이	좝
보석	재킷	기쁨, 즐거움	직업

enjoy	**major**	**reject**	**pajamas**
인조이	메이줘	(우)뤼줵트	퍼좌머즈
즐기다	전공	거절하다	잠옷

발음연습 05 — th 발음

🎧 27-05

th를 발음할 때는 혀 끝을 윗니로 가볍게 물었다 떼면서 발음합니다. th는 두 가지로 발음하는데, 성대를 울리며 [드 ð]에 가깝게 발음할 때가 있고, 성대를 울리지 않고 [뜨 θ]에 가깝게 발음할 때가 있습니다.

[ð] 발음

they	that	weather	mother
데이	댓	웨더	마더
그들은	저것	날씨	어머니

[θ] 발음

thumb	thin	month	something
떰	띤	먼뜨	썸띵
엄지	마른	월	무언가, 어떤 것

발음연습 06 — ch / sh 발음

🎧 27-06

ch와 sh는 한국어에는 없는 발음이라 주의해야 합니다. 우선, ch는 ㅊ과 비슷한 소리를 내는데 입을 앞으로 내밀고 [취]로 발음합니다. sh는 s의 [스] 소리와는 달리 입을 앞으로 모아 [쉬]에 가깝게 발음하면 됩니다.

ch 발음

cheap	child	teacher	watch
췹	촤일드	티춰	와취
값싼	아이	선생님	보다, 시계

sh 발음

she	shell	shopping	dish
쉬	쉘	샤핑	디쉬
그녀는	조개껍데기	쇼핑	접시

발음연습 07 — sp / sk / st 발음

🎧 27-07

자음 s 다음에 p, k, t가 나오면 된소리로 발음합니다. [스프], [스크], [스트]가 아니라 [스쁘], [스끄], [스뜨]에 가깝게 발음하세요.

sp 발음

speed	spoon	Spain	speak
스삐드	스뿐	스뻬인	스삑
속도	숟가락	스페인	말하다

sk 발음

sky	ski	skate	skin
스까이	스끼	스께잇	스낀
하늘	스키	스케이트	피부

st 발음

star	step	stay	stick
스따	스뗍	스떼이	스띡
별	단계, 계단	머무르다	막대기

발음연습 08 — tr / dr 발음

🎧 27-08

t와 d는 뒤에 r이 오면 발음이 달라집니다. tr과 dr은 [트르], [드르]보다는 tr은 [츄르], dr은 [쥬르]에 가깝게 발음합니다.

tr 발음

tree	train	try	introduce
츄뤼	츄뤠인	츄롸이	인츄로듀쓰
나무	기차	시도하다	소개하다

dr 발음

dream	dress	drive	address
쥬륌	쥬뤠쓰	쥬롸이브	애쥬뤠쓰
꿈	옷, 입다	운전하다	주소

발음연습 09	**강세**
🎧 27-09	한국어에는 단어에 강세가 없습니다. 다시 말해서 어떤 단어를 언급할 때 그 단어의 특정 부분을 강하게 읽으면서 발음하지는 않아요. 하지만 영어는 2음절 이상의 단어에는 강하게 읽어야 하는 부분이 있습니다. 즉 강세를 두어 읽어야 하죠.

posi**tion**
퍼**쥐**션
위치, 입장

ex**ci**ting
잇**싸**이팅
흥미진진한

supermarket
쑤퍼마켓
슈퍼마켓

be**au**tiful
뷰티폴
아름다운

yesterday
예쓰터데이
어제

boring
보어링
지루한

ab**roa**d
어**브뤄**드
해외에, 외국에

soccer
싸커
축구

발음연습 10	**연음**
🎧 27-10	원어민들은 편리성을 중요시하기에 여러 영어 단어들을 함께 붙여 발음하는 경우가 많습니다. 이걸 '연음'이라고 하지요. 이렇게 여러 단어를 연결해서 발음하면 영어가 훨씬 부드럽고 자연스럽게 들립니다.

work out
워크 아웃 → 워카웃
운동하다

make it
메이크 잇 → 메이킷
해내다, 성공하다

take a picture
테익 어 픽춰 → 테이커 픽춰
사진 찍다

come in
컴 인 → 커민
들어오다

take out
테익 아웃 → 테이카웃
~를 꺼내다

want to
원트 투 → 원투
~하기 원하다

한눈에 보는
기초문법 정리표

회화라고 해도 아예 문법을 무시하고 말할 수는 없습니다. 기본적인 문법 사항을 머릿속에 제대로 정리해 두면 말하기가 훨씬 수월해집니다. 한눈에 이해하기 쉽게 기본적인 문법 사항을 표로 정리했으니 공부할 때 참고하세요.

본문 녹음

미니강의 27

주격 대명사, 소유 형용사, 목적격 대명사, 소유 대명사 🎧 28-01

대명사는 명사를 대신해 쓰는 말입니다. 주격 대명사는 '~은/는/이/가'라는 뜻, 소유 형용사는 '~의'라는 뜻, 목적격 대명사는 '~을/를'이라는 뜻, 소유 대명사는 '~의 것'이라는 뜻을 나타냅니다.

주격 대명사 ~은/는/이/가	소유 형용사 ~의	목적격 대명사 ~을/를	소유 대명사 ~의 것
I [아이] 나는	**my** [마이] 나의	**me** [미] 나를	**mine** [마인] 나의 것
you [유] 당신은	**your** [유어] 당신의	**you** [유] 당신을	**yours** [유어즈] 당신의 것
he [히] 그는	**his** [히즈] 그의	**him** [힘] 그를	**his** [히즈] 그의 것
she [쉬] 그녀는	**her** [허] 그녀의	**her** [허] 그녀를	**hers** [허즈] 그녀의 것
we [위] 우리는	**our** [아워] 우리의	**us** [어쓰] 우리를	**ours** [아워즈] 우리의 것
they [데이] 그들은	**their** [데어] 그들의	**them** [뎀] 그들을	**theirs** [데어즈] 그들의 것

🎧 28-02 **be동사의 변화**

be동사는 '~이다', 그리고 '~에 있다'라는 뜻을 나타냅니다. 원래 형태는 be지만 그냥 쓰지 않고 주어에 따라 am, are, is로 바꿔 씁니다. 주어와 be동사를 한꺼번에 읽으면서 입에 붙도록 외워 주세요.

1인칭 단수	I am ~.	나는 ~입니다.
2인칭 단수/복수	You are ~.	당신은[당신들은] ~입니다.
3인칭 단수	He is ~.	그는 ~입니다.
	She is ~.	그녀는 ~입니다.
	It is ~.	그것은 ~입니다.
	This is ~.	이것은 ~입니다.
	That is ~.	저것은 ~입니다.
복수	We are ~.	우리는 ~입니다.
	They are ~.	그들은 ~입니다.
	These are ~.	이것들은 ~입니다.
	Those are ~.	저것들은 ~입니다.

영어의 줄임말 🎧 28-03

영어의 '주어+be동사', '주어+조동사', '의문사+be동사'는 짧게 줄여 쓰는 경우가 많습니다. 기호 '[아포스트로피: apostrophe]를 써서 다음과 같이 줄여 쓸 수 있습니다.

기본 문형	줄임말	기본 문형	줄임말
I am [아이 앰]	**I'm** [아임]	**I would** [아이 우드]	**I'd** [아이드]
You are [유 아]	**You're** [유어]	**I will** [아이 윌]	**I'll** [아일]
He is [히 이즈]	**He's** [히즈]	**I have** [아이 해브]	**I've** [아이브]
She is [쉬 이즈]	**She's** [쉬즈]	**What is** [왓 이즈]	**What's** [왓쓰]
We are [위 아]	**We're** [위어]	**Who is** [후 이즈]	**Who's** [후즈]
They are [데이 아]	**They're** [데어]	**How is** [하우 이즈]	**How's** [하우즈]
It is [잇 이즈]	**It's** [잇쓰]	**Where is** [웨얼 이즈]	**Where's** [웨얼즈]
That is [댓 이즈]	**That's** [댓쓰]	**There is** [데얼 이즈]	**There's** [데얼즈]

28-04 부정문의 줄임말

부정문은 '~아니다'라는 뜻을 갖는 문장입니다. 문장을 부정문으로 만들려면 be동사, 일반동사, 조동사 뒤에 not을 쓰는데, 보통 n't로 줄여 쓸 수 있습니다.

기본 문형	줄임말	기본 문형	줄임말
is not [이즈 낫]	**isn't** [이즌트]	**was not** [워즈 낫]	**wasn't** [워즌트]
are not [아 낫]	**aren't** [안트]	**were not** [워 낫]	**weren't** [원트]
do not [두 낫]	**don't** [도운트]	**cannot** [캔낫]	**can't** [캔트]
does not [더즈 낫]	**doesn't** [더즌트]	**could not** [쿠드 낫]	**couldn't** [쿠든트]
did not [디드 낫]	**didn't** [디든트]	**would not** [우드 낫]	**wouldn't** [우든트]

명사의 복수형 만들기 🎧 28-05

영어에서는 두 개 이상의 셀 수 있는 명사는 복수형으로 나타냅니다. 한국어에서는 '두 개의 사과'라고 하지만 영어에서는 two apples(두 개의 사과들)처럼 반드시 복수형으로 써 줘야 합니다. 복수형을 만들 때는 보통 명사 뒤에 s나 es를 붙입니다.

s로 끝나는 단어 + es	**bus** 버스 → **buses** 버스들
x로 끝나는 단어 + es	**box** 상자 → **boxes** 상자들
sh로 끝나는 단어 + es	**dish** 접시 → **dishes** 접시들
ch로 끝나는 단어 + es	**watch** 시계 → **watches** 시계들
o로 끝나는 단어 + es	**tomato** 토마토 → **tomatoes** 토마토들
o로 끝나는 단어 + s (예외)	**piano** 피아노 → **pianos** 피아노들
자음 + y로 끝나는 단어 → y를 i로 고치고 + es	**lady** 숙녀 → **ladies** 숙녀들 **baby** 아기 → **babies** 아기들
f, fe로 끝나는 단어 → f를 v로 고치고 + es	**leaf** 나뭇잎 → **leaves** 나뭇잎들 **wife** 아내 → **wives** 아내들
불규칙한 형태	**foot** 발 → **feet** 발들
그 외의 단어 + s	**bag** 가방 → **bags** 가방들

🎧 28-06 일반동사의 3인칭 단수형 만들기

be동사나 조동사가 아닌 나머지 동사들을 '일반동사'라고 부릅니다. eat(먹다), run(달리다), like(좋아하다) 같은 단어가 모두 일반동사입니다. 문장의 주어가 3인칭 단수(He, She, Tony, Jane, It 등)일 때는 일반동사 뒤에 s나 es를 붙여 씁니다.

s로 끝나는 단어 + es	miss → miss**es** 놓치다
x로 끝나는 단어 + es	fix → fix**es** 고치다
sh로 끝나는 단어 + es	wash → wash**es** 씻다
ch로 끝나는 단어 + es	watch → watch**es** 보다
자음 + y로 끝나는 단어 → y를 i로 고치고 + es	study → stud**ies** 공부하다 fly → fl**ies** 날다
불규칙한 형태	have → **has** 갖고 있다 go → **goes** 가다 do → **does** ~를 하다
그 외의 단어 + s	read → read**s** 읽다

동사ing 만들기 🎧 28-07

동사의 원래 형태에 ing를 붙인 것을 '현재분사', 또는 '동명사'라고 합니다. be동사 뒤에 쓴 동사ing는 '현재분사'로, 지금 진행 중인 일을 나타낼 때 'be동사+동사ing'를 씁니다. 한편 '~하다'라는 뜻의 동사를 '~하기, ~하는 것'이란 뜻의 명사처럼 쓰고 싶을 때는 동사 뒤에 ing를 붙이는데, 이것을 '동명사'라고 합니다. 유용하게 활용 가능한 동사ing를 만드는 법을 잘 익혀 두세요.

e로 끝나는 단어 → e를 빼고 + ing	**live** 살다 → **living** 살기 **dance** 춤추다 → **dancing** 춤추기
모음 + 자음으로 끝나는 단어 → 자음을 하나 더 붙이고 + ing	**stop** 멈추다 → **stopping** 멈추기 **jog** 조깅하다 → **jogging** 조깅하기
모음 + 자음(w, x, y)으로 끝나는 단어 → 동사 + ing	**fix** 고치다 → **fixing** 고치기 **study** 공부하다 → **studying** 공부하기
그 외의 단어 + ing	**work** 일하다 → **working** 일하기

28-08 동사 ed 만들기

일반동사 뒤에 ed를 붙이면 과거의 의미를 나타낼 수 있습니다. 과거형의 형태가 현재형과 완전히 다른 불규칙 동사도 있습니다. fly(날다), flew(날았다)처럼요.

e로 끝나는 단어 → e를 빼고 + ed	**live** 살다 → **liv**ed 살았다 **dance** 춤추다 → **danc**ed 춤췄다
모음 + 자음으로 끝나는 단어 → 자음을 하나 더 붙이고 + ed	**stop** 멈추다 → **sto**pped 멈췄다 **jog** 조깅하다 → **jo**gged 조깅했다
자음 + y로 끝나는 단어 → y를 i로 고치고 + ed	**study** 공부하다 → **stud**ied 공부했다
그 외의 단어 + ed	**walk** 걷다 → **walk**ed 걸었다

비교급과 최상급 만들기 🎧 28-09

사람이나 사물의 특성을 나타내는 말을 '형용사', '부사'라고 합니다. 형용사는 red hat(빨간 모자)의 red(빨간)처럼 명사를 꾸며 주고, 부사는 study hard(열심히 공부하다)의 hard(열심히) 처럼 동사를 꾸며 주거나 형용사, 부사, 문장 전체를 꾸며 줍니다. 형용사와 부사의 비교급 은 '더 ~한, 더 ~하게'란 뜻을 나타내며 뒤에 er을 붙여 만듭니다. 한편 최상급은 '가장 ~한, 가장 ~하게'란 뜻을 나타내며, 뒤에 est를 붙여 만듭니다.

모음 + 자음으로 끝나는 단어
→ 자음을 하나 더 붙이고 + er/est

hot 더운
→ hotter 더 더운
→ hottest 가장 더운

자음 + y로 끝나는 단어
→ y를 i로 고치고 + er/est

heavy 무거운
→ heavier 더 무거운
→ heaviest 가장 무거운

여러 음절의 긴 단어
→ more/most + 단어

beautiful 아름다운
→ more beautiful 더 아름다운
→ most beautiful 가장 아름다운

불규칙한 단어

good 좋은
→ better 더 좋은
→ best 가장 좋은

그 외의 단어 + er/est

cold 추운
→ colder 더 추운
→ coldest 가장 추운

28-10 be동사가 들어간 문장의 부정문과 의문문

be동사가 들어간 문장을 부정문으로 만들 때는 be동사 뒤에 not을 붙입니다. are not은 aren't, is not은 isn't로 줄여 쓸 수도 있죠. 의문문을 만들 때는 be동사와 주어의 순서를 바꾸면 됩니다.

평서문 **I am** a nurse.
나는 간호사입니다.

You **are** a nurse.
당신은 간호사입니다.

부정문 I **am not** a nurse.
나는 간호사가 아닙니다.

You **are not** a nurse.
당신은 간호사가 아닙니다.

의문문 **Am** I a nurse?
나는 간호사입니까?

Are you a nurse?
당신은 간호사입니까?

평서문 He **is** a nurse.
그는 간호사입니다.

They **are** nurses.
그들은 간호사입니다.

부정문 He **is not** a nurse.
그는 간호사가 아닙니다.

They **are not** nurses.
그들은 간호사가 아닙니다.

의문문 **Is** he a nurse?
그는 간호사입니까?

Are they nurses?
그들은 간호사입니까?

일반동사가 들어간 문장의 부정문과 의문문 🎧 28-11

일반동사가 들어간 문장을 부정문으로 만들 때는 동사 앞에 don't를 붙입니다. 3인칭 단수 주어가 들어간 문장만 don't 대신 doesn't를 붙이지요. 의문문을 만들 때는 주어 앞에 Do를 쓰는데, 3인칭 단수 주어는 앞에 Does를 씁니다. 이때 뒤의 동사는 원래 형태대로 바뀌는 점에 주의하세요.

평서문 I **like** sports.
나는 스포츠를 좋아합니다.

You **like** sports.
당신은 스포츠를 좋아합니다.

부정문 I **don't like** sports.
나는 스포츠를 좋아하지 않습니다.

You **don't like** sports.
당신은 스포츠를 좋아하지 않습니다.

의문문 **Do** I **like** sports?
나는 스포츠를 좋아합니까?

Do you **like** sports?
당신은 스포츠를 좋아합니까?

평서문 He **likes** sports.
그는 스포츠를 좋아합니다.

She **likes** sports.
그녀는 스포츠를 좋아합니다.

부정문 He **doesn't like** sports.
그는 스포츠를 좋아하지 않습니다.

She **doesn't like** sports.
그녀는 스포츠를 좋아하지 않습니다.

의문문 **Does** he **like** sports?
그는 스포츠를 좋아합니까?

Does she **like** sports?
그녀는 스포츠를 좋아합니까?

🎧 28-12 조동사가 들어간 문장의 부정문과 의문문

can(~할 수 있다)처럼 동사 앞에 와서 동사의 뜻을 더해 주는 기능을 하는 말을 '조동사'라고 합니다. should(~해야 한다), will(~할 것이다), must(~해야 한다)도 조동사지요. 조동사가 들어간 문장의 부정문을 만들 때는 조동사 뒤에 not을 붙이며, 의문문을 만들 때는 조동사와 주어의 순서를 바꾸면 됩니다.

평서문   **I should go.**
나는 가야 합니다.

You can swim.
당신은 수영할 수 있습니다.

부정문   **I should not go.**
나는 가지 말아야 합니다.

You cannot swim.
당신은 수영할 수 없습니다.

의문문   **Should I go?**
나는 가야 합니까?

Can you swim?
당신은 수영할 수 있습니까?

평서문   **He will study.**
그는 공부할 것입니다.

She must go.
그녀는 가야 합니다.

부정문   **He will not study.**
그는 공부하지 않을 것입니다.

She must not go.
그녀는 가서는 안 됩니다.

의문문   **Will he study?**
그는 공부할 겁니까?

Must she go?
그녀는 가야 합니까?

의문사가 들어간 의문문 🎧 28-13

who(누가), when(언제), where(어디서), what(무엇을), how(어떻게), why(왜) 같은 말을 의문사라고 하는데, 이들은 문장 맨 앞에 옵니다. be동사가 들어가면 '의문사+be동사+주어~?'의 형태로 쓰고, 일반동사가 들어가면 '의문사+조동사(do/does/did)+주어+동사?' 순서로 씁니다.

의문사
+ be동사
+ 주어

What is your name? 이름이 뭐예요?
Who is this lady? 이 숙녀 분은 누구예요?
How is your steak? 스테이크 어때요?
When is your birthday? 생일이 언제예요?
Where is my cell phone? 내 휴대폰이 어디 있죠?
Why are you late? 왜 늦죠?

의문사
+ 조동사
+ 주어 + 동사?

What do you like? 무엇을 좋아해요?
Who does she love? 그녀는 누구를 사랑해요?
How did you meet him? 그를 어떻게 만났어요?
When do you exercise? 언제 운동해요?
Where do you work? 어디서 일해요?
Why do you like it? 그걸 왜 좋아해요?

수고하셨습니다^^

PC에서
다락원 홈페이지 이용하기

컴퓨터에서 익스플로러, 크롬, 파이어폭스 같은
인터넷 프로그램을 켜고 다락원 홈페이지에 접속하세요.
내려받은 음성파일은 컴퓨터나 MP3 플레이어에서 들으시면 됩니다.

❶ 인터넷 주소창에 darakwon.co.kr을 입력하고 엔터를 누르세요.

❷ 화면 위쪽 가운데 검색창 옆에 있는 회원가입을 눌러 가입한 뒤,
아이디와 비밀번호를 넣어 로그인하세요. 회원가입은 무료입니다.

❸ 검색창에 **청춘 영어**를 입력하고 검색 버튼을 누르세요.

❹ [도서] **청춘 영어: 일상회화**를 찾아 누른 후 버튼을 누르세요.
[MP3] **청춘 영어: 일상회화**를 찾아 들어가셔도 됩니다.

❺ 가 파일명을 누르시면 파일을 받을 수 있습니다.

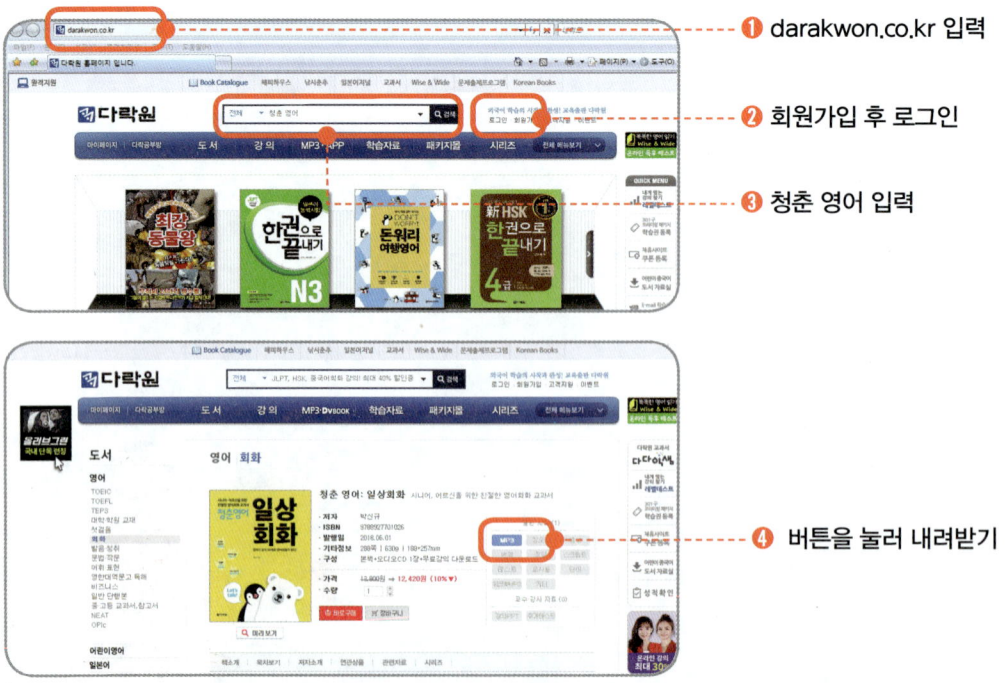

스마트폰에서 QR코드 찍어 이용하기

QR코드를 스캔하면 MP3 듣기 페이지로 바로 이동합니다.
회원이 아니어도, 로그인하지 않아도 MP3를 바로 들을 수 있습니다.

❶ **앱스토어** 나 **플레이스토어** 에 들어가세요.

❷ 'QR 코드'를 검색해서 **QR코드 리더** 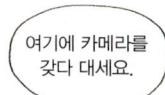 나
무료 QR 코드 스캐너  등의 앱을 내려받으세요.

❸ 받은 앱을 실행하세요.

❹ 카메라 화면을 QR코드에 갖다 대면 강의 MP3 듣기 페이지로 바로 이동합니다.
최신 기종에서는 일반 카메라 앱으로도 QR코드 검색을 바로 이용할 수 있습니다.
카메라 앱을 켜고 QR코드에 스마트폰 화면을 갖다 대세요.

❺ QR코드를 사용하기 어려우면 스마트폰에서 인터넷을 켜고 네이버나 다음 등의
포털 사이트 검색창에 darakwon.co.kr를 입력해서 들어가세요.
'다락원'을 입력해서 찾아 들어가셔도 됩니다.

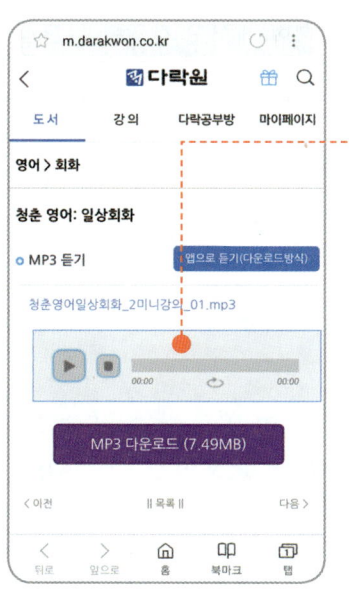

❹ QR 코드를 찍으면 곧바로 강의 듣기 페이지로 이동

❺ 인터넷을 켜고 다락원 홈페이지로 이동해서 '청춘 영어' 입력

다락원 홈페이지에서 녹음 자료를 받으세요!

이 책에 나오는 모든 원어민 녹음과 저자 음성강의는 다락원 홈페이지에서 받을 수 있습니다.
컴퓨터나 MP3 플레이어, 스마트폰을 이용해 들어보세요.

본문 듣기 　본문의 풀 버전 녹음 파일입니다. 헤드폰 기호 옆에 있는 파일 이름을 보고 원하는 파일을 쉽게 찾아 들으세요. `MP3 파일`

패턴문장 트레이닝 　'말하기가 쉬워지는 패턴문장 트레이닝'(240쪽)의 녹음 파일입니다. 한국어 해석과 영어 문장을 함께 녹음하여, 듣기만 해도 저절로 공부가 됩니다. 복습할 때 꼭 연습해 보세요. `MP3 파일`

중요발음 트레이닝 　'원어민처럼 말하는 중요발음 트레이닝'(266쪽)에 나오는 단어의 발음을 확인해 볼 수 있습니다. 실제로 원어민이 어떻게 발음하는지 확인해 보세요. `MP3 파일`

음성 강의 　본문에 나오는 패턴과 문장을 설명한 저자 선생님의 총 27강의 무료 음성강의 입니다. 팟캐스트 '[미니강의] 청춘 영어: 일상회화'에서도 강의를 들으실 수 있습니다. `MP3 파일`

쓰기 노트 　본문의 대화 내용을 따라 쓰면서 복습할 수 있는 쓰기노트입니다. 각 과를 공부한 뒤에 배운 내용을 직접 쓰면서 공부해 보세요. `pdf 파일`

다락원 홈페이지로 바로 가기
스마트폰으로 왼쪽 QR 코드를 찍으시면 다락원 홈페이지로 바로 연결됩니다. 컴퓨터에서는 인터넷 주소창에 darakwon.co.kr을 입력하거나 포털사이트에서 '다락원'으로 검색하세요.